AF577496
Der Schatz des Trollkönigs
Ein Abenteuer in Schweden
Waschen
Ohne
Seife
ropa
Asien
Kunst in Gefahr
Ein Abenteuer in Frankreich
Die Suche nach den Großen Fünf
Ein Abenteuer in Botswana
Australien
Nach und nach erkunden B-OB Coddiwomple
und die Weltenbummler Kids die ganze Welt.

Für

Maya, Ella & Finn

Wir wollen, dass die Welt schön bleibt.

Waldneutral

Wir sorgen dafür, dass mehr Bäume gepflanzt werden, als wir für unsere Bücher verbrauchen.

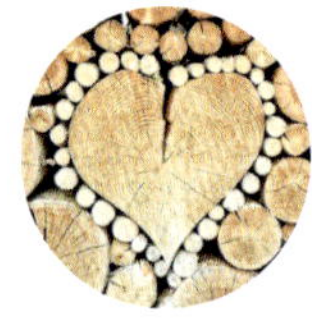

FSC® Siegel

Wir drucken auf FSC® Papier, das aus verantwortungsvoller Waldwirtschaft stammt.

Klimaneutral

Wir drucken in Europa und kompensieren den CO2 Ausstoß durch Klimaschutzprojekte.

Plastikverzicht

Wir achten auf Müllvermeidung und verzichten auf Plastikfolie als Verpackung der Bücher.

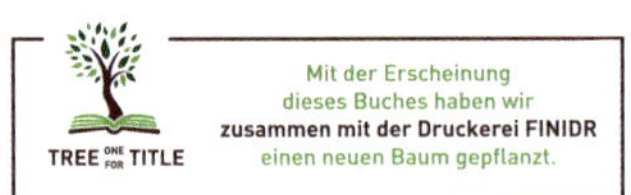

Weitere Informationen zum Thema *Nachhaltigkeit* findest du auf unserer Homepage: www.weltenbummlerkids.de

B-OB Coddiwomple und die Weltenbummler Kids (Band 4)
„Kunst in Gefahr“
- Ein Abenteuer in Frankreich -
Autor: Benjamin Wallenborn / Illustrator: Filip Lazurowicz & Alessia Gilli
ISBN: 978-3-98598-204-2

2. Auflage: Mai 2024

Lektorat und Korrektorat: Nina Downer, Ursula Bosak
Druck und Bindung: FINIDR, s.r.o, Český Těšín, Tschechien, Europa
Bilder von Anni Beier/Sweet North, Pixabay und privat aufgenommen.

und die

Weltenbummler Kids

to coddiwomple

[ko-di-womm-pell]

(v.) to travel in a purposeful manner towards a vague destination

„Das entschlossene Reisen zu einem noch unbekannten Ziel.“

(Frei übersetzt aus dem neuseeländischen Englisch.)

Inhalt

Unsere Weltenbummler

B-OB Coddiwomple

(gesprochen *Bob Koddiwommpel*)

B-OB ist alt… so richtig alt… Und B-OB war schon überall. Er hat die ganze Welt gesehen und dabei, egal wo er war, neue Freunde gefunden. B-OB ist die Ruhe selbst und hat guten Rat für jeden, der ihn hören möchte.

Er ist auf jeden Fall kein gewöhnliches Wohnmobil, sondern hat einige Tricks auf Lager. Ob in der Luft, zu Wasser oder in den Bergen, B-OB kommt mit seiner Spezialausrüstung überall zurecht.

Line

Line möchte sein, wie sie ist: spontan und abenteuerlustig. Sie will raus in die Welt und Neues entdecken! Wenn sie mal nicht unterwegs ist, sitzt sie vor ihrer Weltkarte und plant schon die nächste Reise.

Die beste Laune hat Line, wenn sie etwas erleben kann. Wenn sie ihre Eltern und Freunde mit ihrer Rastlosigkeit in den Wahnsinn treibt, ist das nicht so wild, weil Line am Ende ihren Dickkopf mit einer großen Portion Charme eh durchsetzt.

Benni

Benni hatte seine Nase schon immer tief in Büchern stecken. Für ihn besteht die ganze Welt aus wissenswerten Dingen und spannenden Geschichten.

Weil Benni gerne sitzt und liest, ist er nicht immer der Erste, der sich in ein Abenteuer stürzt. Trotzdem ist er niemand, der sich hinter seinen Büchern versteckt, sondern ist schlagfertig und weltoffen. Sein Wissensdrang treibt ihn hinaus, um das Gelesene in der Realität kennenzulernen.

Die Geschichte, wie sich Line, Benni und B-OB kennengelernt haben, kannst du in Band 1 nachlesen oder dir gratis unter www.weltenbummlerkids.de/downloads herunterladen.

B-OB's beste Freundin

„Hmmm... So. Hier noch ein wenig mehr Haare. Vielleicht dort ein bisschen Blau? NEIN! Oh Gott, furchtbar! Aber einen Tupfer Grün. Toll! Genau so habe ich mir das vorgestellt."

„Was murmelst du denn da vor dich hin?", rief Line aus dem Schatten des alten Apfelbaumes. Benni schrak auf: „Was? Oh, entschuldige bitte!", antwortete er. „Ich bin fast fertig! Wenn ihr noch einen Augenblick stillhalten könntet?"

Line seufzte und setzte sich wieder in **B-OB Coddiwomple**, das weltreisende Wohnmobil, und warf sich in Pose. Benni hatte in den Ferien angefangen, malen zu lernen. Nun waren Line und B-OB seine ersten Modelle. Zufrieden betrachtete er sein Werk.

Zu Line gewandt sagte er: „Dich stört es ja nicht, wenn dein Kopf etwas größer ist als in Wirklichkeit, oder? Und deine Nase etwas länger?"

Line lächelte und sagte: „Na, wenn das alles ist. Auf dem letzten Gemälde sah ich aus wie eine Sumpfkuh. Da kann ich mit einem größeren Kopf ganz gut leben. Sieht bestimmt schlau aus.“

B-OB hörte den Kindern lächelnd zu. Er rollte zu den verschiedenen Malversuchen, die Benni vor seiner Staffelei auf dem Boden liegen hatte, und betrachtete sie interessiert. Dann sagte er: „Du malst wirklich toll für einen Anfänger, Benni. Als Modell fühle ich mich wieder richtig jung. Wie damals in Paris, als ich mit meiner besten Freundin Claire die Cafés und Bistros unsicher gemacht habe. Das waren Zeiten ...“

Line und Benni stutzten. Benni sagte: „Deine beste Freundin Claire? Wer ist das denn? Und wieso haben wir von der noch nichts gehört?“ Line ergänzte: „Und Paris? Warum waren wir da bitte noch nicht zusammen? Da wollte ich doch schon immer mal hin!“

B-OB antwortete lachend: „Moment, Moment, eins nach dem anderen. Wie ihr wisst, habe ich ja auf der ganzen Welt Freunde, aber meine beste Freundin kommt aus Paris, der Hauptstadt Frankreichs. Dort haben wir uns vor vielen Jahren kennengelernt. Sie war Kunsthändlerin und ich damals noch ein recht modernes Wohnmobil. Gemeinsam haben wir erst die Stadt und dann ganz Frankreich erkundet. Hach, meine Claire. Wie es der wohl heute geht?"

Lines Antwort kam wie aus der Pistole geschossen: „Na, das lässt sich doch ganz einfach herausfinden. Los, ich hole meinen Abenteuerrucksack. Benni, du sagst unseren Eltern Bescheid, und dann geht die Reise los, ja? Paris! Toll! Da wollte ich schon immer hin", wiederholte sie.

Auch Benni war Feuer und Flamme. Er rief: „Oh ja! Auf Frankreich bin ich bereits lange neugierig. Ich freue mich schon auf den Eiffelturm!"

B-OB war überglücklich über die Begeisterung der beiden Freunde. Er sagte: „Oh, sehr gerne. Ich wärme schon mal meine Propeller auf. Das wird großartig. Hach, la France … *

* **France** (gesprochen *‚Frahs'* mit zugehaltener Nase). Im Französischen gibt es viele Nasallaute, die du am besten mit zugehaltener Nase nachmachen kannst, bis es auch so klappt.

Wo sonst gibt es zum Frühstück leckerste Croissants, die man in süßen Kakao tunken kann?

Wo sonst kann man essen wie Gott in Frankreich?

Wo sonst kann man an einem Tag in den Alpen Ski fahren und am nächsten im türkisblauen Mittelmeer baden?

Wo sonst gibt es so viel zu entdecken, dass ein einzelnes Buch voller Abenteuergeschichten niemals ausreicht, um von all den tollen Orten zu erzählen?

Wo...“, Line unterbrach B-OB keck: „B-OB, wir sind schon längst überzeugt! Du musst nur endlich deine Flügel ausbreiten und schon kann es losgehen!“

Ohne weiter zu zögern, entfaltete B-OB seine Flügel mit einem gewaltigen **WUUUUUSSSCCCCHHHH** und die Reise ging los.

Der traurige Künstler

Line und Benni schauten aus dem Fenster und sahen die weiten grünen Flächen und Städte unter sich, als Line ungeduldig fragte: „Sind wir bald da? Ist das da vorne schon Frankreich?"

B-OB schielte nach unten und antwortete: „Nein, nein, noch nicht. Wir fliegen gerade über die Niederlande. Frankreich ist zwar ein Nachbarland von Deutschland, aber nicht entlang der ganzen Grenze. Weiter oben im Norden liegen noch Luxemburg, Belgien und eben die Niederlande zwischen den beiden Ländern. Ich habe eine Idee. Immer wenn ich nach Paris fliege, spiele ich ein Spiel. Es ist ganz einfach. Derjenige, der zuerst den Eiffelturm, das Wahrzeichen von Paris, entdeckt, hat gewonnen. Macht ihr mit?"

Line und Benni stimmten gerne zu und hielten gespannt nach dem berühmten Turm Ausschau. Nach einiger Zeit rief B-OB: „Oh, guckt mal da! Das habe ich ja völlig vergessen, euch zu zeigen! Seht schnell nach unten, sonst sind wir schon vorbeigeflogen!" Line und Benni beeilten sich und schauten gespannt aus dem Fenster, als sie B-OB vergnügt lachen hörten: „Ho, ho! Erster! Da vorne ist der Eiffelturm. Reingelegt!"

Die Kinder konnten es kaum glauben. Sie waren auf den ältesten Trick der Welt reingefallen.

B-OB amüsierte sich noch immer köstlich über seinen kleinen Scherz, als er auf Paris zuflog. Er kicherte und sagte: „Spaß beiseite! Wisst ihr, für mich ist Paris eine der schönsten Städte der Welt. Und das liegt nicht nur am Eiffelturm. Paris ist einfach unglaublich. Hinter jeder Ecke lauert etwas Besonderes: Die Glaspyramide beim *Louvre*, dem berühmtesten Museum der Welt!* Wunderschöne versteckte Parks mit kleinen Spielplätzen! Die beeindruckende Kathedrale *Notre-Dame*, Restaurants mit dem leckersten Essen, das man sich vorstellen kann!** Und einfach dieses Gefühl, in Paris zu sein. Es ist unbeschreiblich!“

„Bevor wir mit einer Stadttour beginnen, besuchen wir aber meine Freundin Claire. Gut festhalten bitte, wir landen schon.“ B-OB drehte seine Propeller waagerecht und landete sanft inmitten eines freundlichen, bunten Chaos.

*** Louvre** (gesprochen *‚Luwrö‘*)

**** Notre-Dame** (gesprochen *‚Notre-Damm‘*)

Die drei Freunde standen auf einem belebten Platz, der von bunten Häusern gesäumt war. Um sie herum wuselte das Leben. Touristen ließen sich von den vielen Künstlern malen, Einheimische genossen vor den zahllosen Cafés und Restaurants die Sonne und Händler verkauften Souvenirs. Line und Benni strahlten über das ganze Gesicht. „Das ist ja wunderschön hier!", sagte Line.

B-OB stimmte ihr zu. „Ja, finde ich auch", sagte er. „*Montmartre*, so heißt das Stadtviertel, in dem wir sind, ist eigentlich wie ein kleines Künstlerdorf mitten in Paris.* Hier haben schon einige der berühmtesten Maler der Welt wie *Pablo Picasso* oder *Vincent van Gogh* gelebt und gearbeitet. So, jetzt müssen wir aber die Augen aufhalten. Hier gleich um die Ecke ist Claires Stammplatz."

* **Montmartre** (gesprochen ‚*Mohmartre*')

B-OB führte die Kinder weg von dem Platz auf der Suche nach seiner Freundin. Sie kamen an eine belebte Straße, an der wieder zahllose Künstler Touristen malten und Gemälde in allen Größen verkauften. „Komisch!", murmelte B-OB und zeigte auf eine Lücke in der Reihe der Künstler. „Hier ist ihr Stammplatz, aber keine Spur von Claire. Wo könnte sie nur sein?"

Während die Freunde rätselten, wo B-OBs Freundin geblieben war, hörten sie ein immer lauter werdendes Schluchzen: „Bouhouhouh...", klang es von nebenan zu ihnen hin.* Als sie die Straße hinuntersahen, bot sich ihnen ein mitleiderregendes Bild.

*** Bouhouhouh...** (gesprochen *‚Buhuhuh'*)

Ein kleiner, gedrungener Mann in bunter Kleidung, die gar nicht zu seiner Stimmung passte, schlurfte auf sie zu. Er ließ den Kopf so tief hängen, dass er nur noch auf seine Füße starren konnte. Der Mann weinte so herzzerreißend, dass ihm die Tränen auf die Schuhe tropften: „Bouhou Houuuu! *Pourquoi, pourquoi…?* “*

Die Freunde sahen einander bestürzt an, dann eilte Line zu dem Mann hin. Besorgt fragte sie ihn: „Entschuldigen Sie. Kann ich Ihnen helfen?“ Sie holte ein Taschentuch aus ihrem Abenteuerrucksack. „Möchten Sie sich mal schnäuzen? Brauchen Sie vielleicht eine Schulter, um sich auszuheulen?“

Der kleine Mann sah erstaunt auf. Durch seine nassen Augen sagte er mit tränenerstickter Stimme und einem zitternden Lächeln: „Aber Mademoiselle, das ist wirklich zu freundlich!** Un grand merci!“*** Er nahm das Taschentuch und pustete mit einem ohrenbetäubenden „prooouuufff“ hinein.

Erschöpft ließ er sich auf einen Stuhl des anliegenden Cafés sinken und lud die Freunde ein. „Bitte, bitte, meine Lieben, setzt euch doch“, sagte er. „Vielen Dank für eure freundliche Hilfe! Darf ich euch auf einen *Sirop* einladen?**** Mein Favorit ist *Cassis*.“*****
Die Freunde willigten gerne ein. Gemeinsam saßen sie in der Sonne und nuckelten an ihren Getränken (Benni hatte Pfirsichgeschmack bestellt, Line Grenadine und B-OB Minze).

Nachdem der buntgekleidete Mann sich etwas beruhigt hatte, traute sich Benni ihn zu fragen: „Entschuldigung, aber warum waren Sie vorhin so traurig?“

Die Augen des Mannes füllten sich wieder mit Tränen. Er sagte: „Ach, mein lieber Junge, schau dich um! Überall siehst du Freunde, die gemeinsam den Tag genießen. Ihr drei schlendert gemütlich durch Paris. In ganz Montmartre sitzen Gruppen zusammen und lachen miteinander. Sogar auf den Dächern hocken die Tauben und gurren gemeinsam vor sich hin. Nur ich bin allein. Und nun soll mir noch das Einzige genommen werden, das mir Freude bereitet.“ Er griff wieder nach seinem Taschentuch und schnäuzte sich erneut.

Aber ich kann mir kaum vorstellen, dass so ein netter Mann wie Sie keine Freunde hat“, sagte Line. Jeder hat doch Freunde. Und was soll Ihnen denn überhaupt genommen werden?“

* **Pourquoi, pourquoi?** (gesprochen ‚*Puhrkua , puhrkua?*‘) bedeutet ‚Warum, warum?‘.

** **Mademoiselle** (gesprochen ‚*Maddmohsell*‘) bedeutet ‚Fräulein‘ oder ‚junge Dame‘.

*** **Un grand merci** (gesprochen ‚*Öh groh merssi*‘ - bei ‚Öh groh‘ Nase zu) bedeutet ‚Ein großes Dankeschön‘.

**** **Sirop** ist ein Getränk, das Kinder gerne trinken. Dabei wird einfach ein Sirup nach Wahl mit Wasser gemischt.

***** **Cassis** ist Sirup aus schwarzen Johannisbeeren.

Der bunt gekleidete Mann seufzte tief und antwortete: „Vielleicht sollte ich mich erst mal vorstellen. Mein Name ist Didier Arquenciel - aber nennt mich ruhig Didier.* Ich bin Direktor des *Atelier Perroquet*, der kreativsten Kunstschule in ganz Montmartre."** Er zeigte auf eine bunte Villa am Ende der Straße und sagte weiter: „Seht ihr dieses wunderschöne Gebäude? Das ist mein Atelier."

Das Haus fiel Line, Benni und B-OB sofort ins Auge. Vor dem Eingang saßen buntgekleidete junge Leute, die sich angeregt unterhielten. Die Fassade der Villa war mit Efeu überwachsen. Überall dort, wo keine Pflanzen von den Wänden hingen, war das Gebäude bunt bemalt. Selbst in der freundlichen, farbenfrohen Stimmung des Künstlerviertels fiel das Atelier Perroquet angenehm auf.

Didier seufzte und sagte weiter: „*Eh bien*, das Atelier Perroquet ist mein ganzes Leben.*** Ich liebe es, dort zu unterrichten und zu malen, aber bald wird all das ein Ende haben. Das Gebäude soll verkauft werden. Sobald sich ein Käufer findet, müssen wir bestimmt die Schule verlassen. Dann stehe ich ohne meinen Unterricht und ohne meine Schüler auf der Straße." Mit zitternden Lippen nahm er noch einen Schluck von seinem *Cassis-Sirop*, um sich zu beruhigen.

B-OB versuchte den schluchzenden Didier zu trösten: „Ach Didier, nun warte doch erst mal ab! Vielleicht kauft ja ein netter Kunstliebhaber die alte Villa und lässt einfach alles so, wie es ist." In diesem Moment fuhr ein langes, lila Auto mit getönten Scheiben vor.

*** Didier Arquenciel** (gesprochen *‚Didjeh Arkonnsiell'*)

**** Atelier Perroquet** (gesprochen *‚Atelier Perokeh'*)

***** Eh bien** (gesprochen *‚Eh bieh'*) bedeutet wörtlich ‚gut', aber hier soviel wie ‚Nun ja'.

Der grau gekleidete Fahrer öffnete die hintere Tür. Aus dem Auto stieg eine Dame, die nicht weniger in das bunte Montmartre hätte passen können. Sie hatte schwarze, kantig geschnittene Haare und trug einen langen, dunkellila Mantel. Mit versteinerter Miene schritt sie durch die Gruppe Kunststudenten auf die Eingangstüre des Atelier Perroquet zu. Dort ließ sie sich von ihrem Fahrer einen großen Zettel reichen, den sie an der Tür befestigte: *VENDU* – VERKAUFT!*

Line und Benni schauten Didier an. Der war bei dem Anblick der Dame blass wie ein Bettlaken geworden. Er flüsterte: „*Oh, quelle horreur.*** Das ist Édith Méchantelle.*** Sie ist die Herausgeberin des größten Kunst- und Modemagazines in ganz Frankreich. Sie hasst bunte Farben. Wenn sie das Atelier gekauft hat, bedeutet das nichts Gutes."

Er stand auf und tappte, gefolgt von Line, Benni und B-OB, zu seiner Schule. Er sagte: „*Madame* Méchantelle, eine Frage, was haben Sie mit dem Gebäude vor?**** Werde ich meine Kunstschule weiter betreiben können?"

Édith Méchantelle musterte den bunten Didier mit gerümpfter Nase von Kopf bis Fuß. Dann sagte sie: „*Monsieur*, das nennen Sie Kunst?" **** Sie lächelte kalt. „Ich errichte eine professionelle Kunstschule. Eine Akademie für moderne Kunst. Nicht diesen altmodischen Blödsinn mit albernen Farben und chaotischen Formen. Gerade Linien sind die Zukunft. Sie werden also verstehen, dass ich für Ihre kitschigen Schmierereien keine Verwendung haben werde."

Ohne Didier eines weiteren Wortes oder Blickes zu würdigen, stieg sie wieder in ihr dunkellila Auto und rauschte davon. Zurück blieb ein am Boden zerstörter Didier. Er sagte: „So, das war es also. Alle Hoffnung ist verloren. Was mache ich denn nun?"

* **Vendu** (gesprochen ‚*Wondü*')

** **Oh, quelle horreur.** (gesprochen ‚*Oh, kell orrör*') bedeutet wörtlich ‚Welch Horror' bzw. ‚Wie schrecklich'.

*** **Édith Méchantelle** (gesprochen ‚*Ehdiit Mehschantell*').

**** **Madame/Monsieur** (gesprochen ‚*Mahdamm*/Müssiö') bedeutet ‚Dame' / ‚Herr' bzw. ‚Frau' wie in ‚Frau Méchantelle'.

B-OB meldete sich zu Wort: „Weißt du was, Didier, Hoffnung gibt es immer. Wir sind nach Paris gekommen, um meine Freundin Claire zu besuchen. Niemand kennt sich besser in der französischen Kunstwelt aus als sie. Ich bin mir ziemlich sicher, dass sie vielleicht sogar diese Édith kennt oder zumindest jemanden, der mit ihr reden könnte. Vielleicht schaffen wir es ja, sie mit Claires Hilfe umzustimmen."

Didier sah die drei Freunde unsicher an. Er sagte: „Édith Méchantelle umstimmen? Da könnten wir ja ebenso gut versuchen, die *Marseillaise* auf Chinesisch zu singen.* Ich sollte mir einfach einen grauen Anzug kaufen und mich als Lehrer in der neuen Kunstschule bewerben. Ich habe sicher noch irgendwo ein Lineal rumliegen. Damit kann ich dann auch gerade Linien zeichnen ..."

Line rief: „Grauer Anzug und gerade Linien?! Da kannst du ja gleich in einem Büro Erbsen zählen gehen! Sollten wir nicht zumindest versuchen, deine geliebte Schule zu retten? Du scheinst ein kreativer Kopf zu sein. Zusammen fällt uns bestimmt eine Lösung ein. Und wenn B-OBs Freundin Claire wirklich so viele Leute aus der Kunstszene kennt, hat sie sicher auch eine Idee, wie wir das Problem lösen können."

Didier schaute nachdenklich drein. Dann sagte er: „Nun, vielleicht hast du recht. Und Grau lässt mich wirklich ziemlich blass aussehen. Versuchen sollten wir es wenigstens. Aber wenn diese Claire verschwunden ist, wie sollen wir sie denn finden?" B-OB drehte sich um und fragte kurzerhand eine Künstlerin, die dabei war, Touristen zu malen: „Entschuldigen Sie, Mademoiselle, Sie kennen nicht zufällig eine charmante Dame namens Claire, die oft hier in der Straße Kunst verkauft?"

„Claire? *Mais oui!*", sagte die junge Dame lächelnd.** „Natürlich kenne ich sie, aber sie wird nicht leicht zu finden sein. Soweit ich weiß, verbringt sie den Sommer wie die meisten Pariser im Süden an der *Côte d'Azur*."*** Didier verlor wieder seinen Mut und seufzte: „Die Côte d'Azur? Die ist doch endlos lang. Wie sollen wir sie da nur finden?"

B-OB strahlte, als er seine Flügel mit dem mächtigen **WUUUSSSCHHH** ausbreitete. Er sagte: „Ha! Ich weiß, wo sie ist. Claire liebt *Saint-Tropez*, einen der berühmtesten Urlaubsorte am französischen Mittelmeer.**** Line, Benni, das ist perfekt, um eine der schönsten Regionen Frankreichs kennenzulernen. An Bord mit euch! Es geht in den Süden!"

* **Marseillaise** (gesprochen ‚*Marssäjäs*'). Die *Marseillaise* ist die Nationalhymne Frankreichs.

** **Mais oui** (gesprochen ‚*Mä ui*') bedeutet ‚Aber ja'

*** **Côte d'Azur** (gesprochen ‚*Kotasür*')

**** **Saint-Tropez** (gesprochen ‚*Säh-Tropee*')

Jachten, Torten und Gendarme

B-OB Coddiwomple und die Weltenbummler Kids genossen es, wieder auf Reisen zu sein. Didier stellte sich neben B-OB als wahrer Frankreich-Experte heraus.

Während sie in den Süden flogen, rief er: „*Eh, dis donc*, B-OB, du weißt ja mehr über Frankreich als die meisten Franzosen!* Ich bin sehr beeindruckt. Ich habe auch einen kleinen Tipp für dich. Flieg mal ein wenig weiter nach links, dann bekommen die Kinder auf dem Weg zum Meer eine richtige Überraschung zu sehen." B-OB lächelte wissend und antwortete: „Ich glaube, ich weiß, was du meinst. Das ist ein sehr guter Tipp, Didier!"

B-OB steuerte in Richtung Süd-Ost, und schon nach kurzer Zeit fingen Line und Benni an, in B-OBs Innerem zu frösteln. Benni zeigte in die Ferne und rief: „B-OB, dort liegt ja Schnee! Wie kann das sein? Wir fliegen doch gerade mitten im Sommer ans Mittelmeer."

B-OB lachte: „Das ist der französische Teil der Alpen. Ihr seht doch den hohen Gipfel dort vorne, oder? Das ist der *Mont Blanc*, der höchste Berg der Europäischen Union." **

* **Eh, dis donc** (gesprochen ‚*Eh di doh*' und ‚doh' mit Nase zu) bedeutet so viel wie ‚Wow, sag mal!'.

** **Mont Blanc** (gesprochen ‚*Moh Bloh*')

B-OB setzte zur Landung an und rief: „Nachdem wir euch Schnee im Sommer gezeigt haben, kommt direkt noch etwas Besonderes. Gut festhalten!“

Die Freunde trauten ihren Augen nicht. Hinter ihnen lagen die weißen Alpen und vor ihnen das türkisblaue Mittelmeer, doch zu ihrer Linken und Rechten erstreckte sich ein lila Blütenmeer, soweit das Auge reichte.

„Was ist das denn?“, fragte Line. „So viele Blumen habe ich ja noch nie auf einmal gesehen!“
B-OB antwortete ihr: „Wir sind mitten in der *Provence*, dem vielleicht schönsten Teil Frankreichs.* Hier wird der lila Lavendel angebaut. Riecht mal, wie das duftet!“

Die Kinder steckten ihre Nasen aus dem Fenster und atmeten tief ein. Benni seufzte. Er sagte: „Hach, riecht das herrlich! Fast wie Parfum!“ Didier erklärte: „Da hast du recht, Benni. Lavendel wird tatsächlich für Parfums verwendet, aber auch zum Kochen. Es gibt sogar Lavendel-Eis!“ Glücklich fuhren die Freunde weiter Richtung Süden, bis sie schließlich das Meer und Saint-Tropez erreichten.

* **Provence** (gesprochen ‚*Prohvohs*‘)

B-OB rollte mit seinen Passagieren in das kleine Küstenörtchen hinein. Die Sonne schien und elegant gekleidete Menschen flanierten durch die Straßen. B-OB erklärte Line und Benni: „Saint-Tropez sieht zwar aus wie ein gemütliches Fischerdorf, aber im Sommer ist es Treffpunkt für Reiche und Schöne aus Frankreich und der ganzen Welt. Ihr werdet sehen, im Hafen liegt eine Luxusjacht neben der anderen und an den Stränden bräunen sich die feinsten Herrschaften. Aber erst mal fahren wir zum *Place des Lices*.* Das ist der Marktplatz. Wenn wir Claire irgendwo finden können, dann sicher dort."

Kurz darauf hielt B-OB an dem schattigen Platz. „So, jetzt wollen wir doch mal die Augen aufhalten nach...", „*Non, monsieur! Non, monsieur!*", unterbrach ihn eine aufgebrachte Stimme.** Ein kleiner, älterer Mann in Gendarmen-Uniform stand vor ihm.***

Hinter ihm stand eine junge schwarzhaarige Polizistin, die etwas peinlich berührt zu Boden schaute. „*Monsieur*," regte sich der Gendarm auf, „Sie befinden sich hier in einem absoluten Halteverbot! Das wird Sie teuer zu stehen kommen! In Saint-Tropez herrscht Recht und Ordnung. Da können Sie nicht einfach parken, wie es Ihnen passt."

B-OB schaute den kleinen Polizisten verdutzt an. Dann sagte er: „Na, wenn das mal nicht Major Louis Crouchot ist!**** Aber erkennst du mich denn nicht? Ich bin es doch, dein alter Freund B-OB!"

* **Place des Lices** (gesprochen ‚*Plass deh Liss*'), der ‚Lilienplatz' ist der zentrale Marktplatz in Saint-Tropez.

** **‚Non, monsieur!'** (gesprochen ‚*No, müssiö*') bedeutet ‚Nein, mein Herr!'.

*** **Gendarm** (gesprochen ‚*Dschandarm*' - mit ‚G' wie in ‚Regisseur') bedeutet Polizist.

**** **Louis Crouchot** (gesprochen ‚*Lui Kruschoh*')

Louis, der Gendarm, sah von seinem Strafzettel auf und sah sich das alte Wohnmobil genauer an. Er schien zwar noch immer etwas schlecht gelaunt zu sein, aber seine Stimme war bereits etwas freundlicher, als er sagte: „Oh, ah, B-OB, das ist ja eine freudige Überraschung, dich hier in meinem kleinen Städtchen zu sehen! Ich habe dich gar nicht erkannt. Hast du deine blauen Streifen verändert? Du siehst jetzt eher winterhimmelblau statt einfach nur himmelblau aus."

B-OB lachte herzlich: „Nun, eigentlich nicht, aber schön dich zu sehen." Dann stellte er seine Freunde vor und sagte: „Wir suchen meine alte Freundin Claire. Vielleicht kannst du uns helfen, sie zu finden."

Louis nahm sein Képi ab und kratzte sich am Kopf.* Dann sagte er: „Das hat mir gerade noch gefehlt. Eine Vermisstenanzeige! In Saint-Tropez geht es momentan drunter und drüber. Wenn das so weitergeht, kann ich doch nicht so bald in Rente gehen. Wie soll meine junge Kollegin so ein Revier übernehmen? Dabei fällt mir ein, darf ich vorstellen: Dies hier ist Adjutant Sihem Bensarahoui. Diese kompetente Dame ist meine vorgesehene Nachfolgerin. Sie wird Chefin der Gendarmerie von Saint-Tropez, wenn ich mich zur Ruhe setze."

Sihem begrüßte die Freunde lächelnd. Sie sagte: „Ihr müsst wissen, Major Crouchot ist schon seit Tagen äußerst gereizt. Hier treibt nämlich ein Vandale sein Unwesen und wir konnten ihn noch immer nicht fassen." Louis warf ein: „Noch immer nicht fassen? Wir haben nicht einmal die geringste Spur. Jede Nacht fehlt etwas anderes, jede Nacht wurde etwas Neues zerstört. Wenn das so weitergeht, bricht hier bald Panik aus!"

Benni unterbrach Louis. Er sagte: „Wissen Sie, wir sind zwar keine Polizisten, aber wir haben Erfahrung darin, verschwundene Dinge wiederzufinden.** Dürften wir Sie unterstützen? Didier, was meinst du? Wir haben es natürlich eilig, Claire zu finden, aber vielleicht können wir uns die Lage ja mal ansehen?"

Didier stimmte sofort zu und Major Crouchot sah nachdenklich drein. Dann sagte er: „*Bien*, B-OB hat mir schon damals geholfen, meine ersten Fälle zu lösen.*** Ich weiß also, dass es kaum einen besseren Detektiv als ihn gibt. Und ihr seht wie aufgeweckte Kinder aus. Warum eigentlich nicht? Kommt, wir machen einen Stadtrundgang und erklären euch dabei, was passiert ist."

* Das **Képi** (gesprochen *‚Kehpi'*) ist die berühmte runde Mütze der französischen Polizisten.

** Was für verschwundene Dinge unsere Freunde wiedergefunden haben, kannst du in „Der Schatz des Trollkönigs", dem zweiten Band von *B-OB Coddiwomple und die Weltenbummler Kids* nachlesen.

*** **Bien** (gesprochen *‚Biä'* - mit zugehaltener Nase) bedeutet ‚Gut'.

Die Freunde folgten den beiden Gendarmen durch die beschaulichen Einkaufsstraßen Saint-Tropez', während Sihem von den Einzelheiten des Falles berichtete. Sie erklärte: „In den letzten Tagen wurden nachts immer wieder Verbrechen begangen, manche schwerer, manche weniger schwer."
Sie zeigte auf eine kleine Konditorei und sagte: „Hier, in der *Pâtisserie Brigitte* zum Beispiel, wurde eine *Tarte Tropézienne* zur Hälfte aufgegessen, sonst fehlte nichts."*

Louis ergänzte: „Aber dafür wurde dort drüben, in der *Bijoutier Bardot*, ein funkelndes Diamantenarmband gestohlen.** Nie wurde auch nur die geringste Spur hinterlassen. Seht, hier am Ende der Straße kommen wir zum Jachthafen."

Sie bogen um eine Ecke und standen am türkisfarbenen Mittelmeer. Aber nicht nur das. Vor ihnen reihte sich eine gigantische Luxusjacht an die nächste. Benni sagte: „Boah! Auf so einem Schiff würde ich tatsächlich auch gerne mal Urlaub machen."

Line winkte ab und sagte: „Pah, so eine Angeberei! Ich finde es viel aufregender, wenn B-OB sein Luftkissen aufpustet und uns mit um die Welt nimmt." B-OB war sichtlich geschmeichelt und fragte die beiden Gendarmen: „Ist denn hier im Jachthafen auch etwas gestohlen worden?"

Sihem erzählte den Freunden: „Nun, bisher wurde hier nichts gestohlen, aber nachts passieren momentan merkwürdige Dinge. Es wird von einem riesigen Paar roter, runder Augen berichtet, das aus dem Dunklen heraus die Leute anstarrt. Und von einem Schatten, der zischend durch den Hafen streift. Wir sind uns nicht sicher, ob die Diebstähle mit den Augen und dem Schatten zusammenhängen, aber wir müssen der Sache auf den Grund gehen."

Bevor Sihem fortfahren konnte, wurde sie von einem seltsam aussehenden Mann angesprochen. Er trug ein buntes Hemd und sprach mit einem fremden Akzent. Er sagte: „Verzeihen Sie, aber ich bin in Not. Meine kleine *Chouchou* ist weggelaufen.*** Könnten Sie mir helfen, sie zu finden?"

* Eine **Pâtisserie** (gesprochen ‚*Pattisserie*') ist eine Konditorei. Der Name **Brigitte** wird ‚Brigitt' ausgesprochen mit einem ‚g' wie in Regisseur. Die **Tarte Tropézienne** (gesprochen ‚*Tart Trohpehsienn*') ist eine Torte mit einer leckeren Buttercréme-Füllung, die mit Orangenblütenwasser verfeinert wird. Sie ist eine Spezialität von Saint-Tropez.

** **Bijoutier Bardot** (gesprochen ‚*Bijutieh Bardoh' mit dem ‚j' wie das ‚g' in Regisseur*). Ein Bijoutier ist ein Schmuckhändler.

*** **Chouchou** (gesprochen ‚*Schuschu*') heißt Liebling oder Herzchen.

Line und Benni wollten gerade ihre Hilfe anbieten, als Louis sagte: „Das ist sicherlich ein sehr tragischer Verlust, Monsieur, aber wir sind in dringender Polizeiangelegenheit unterwegs. Ich bin mir sicher, Ihr kleines Haustierchen ist wohlauf und hat sich nur in seiner Jacht vertan. Bitte wenden Sie sich doch an die *Gendarmerie* - die Polizeistation - im Ort und geben Sie eine Verlustanzeige auf. Dort wird man sich um alles Weitere kümmern."

Der Mann mit dem ungewöhnlichen Akzent seufzte und schlich, ohne ein weiteres Wort zu sagen, mit hängenden Schultern davon.

Louis klatschte in die Hände und sagte: „*Alors*, jetzt bin ich leider noch immer so schlau wie vorher.* Hat jemand eine Idee, wie wir vorgehen sollten?" Benni antwortete ihm: „Mir scheint, als ob wir eine Nachtschicht einlegen müssen. Ich würde vorschlagen, wir teilen uns auf und beobachten die Jachten, die Geschäfte und die Restaurants. Vielleicht schaffen wir es so, diese geheimnisvolle Gestalt zu fangen."

Die beiden Gendarmen stimmten begeistert zu. „Exzellente Idee!", sagte Louis. „Wir bilden Dreier-Teams. Adjutante Bensarahoui, Sie übernehmen mit Didier und Benni den Jachthafen. Line, B-OB und ich patrouillieren entlang der Geschäfte. Es wäre doch gelacht, wenn wir diesen rundäugigen Schattendieb nicht erwischen!"

* **Alors** (gesprochen *‚Allor'*) bedeutet ‚Also' bzw. ‚So'.

Ein geheimnisvoller Schatten

Es war eine stille Nacht in Saint-Tropez. Die Restaurants hatten geschlossen, die Geschäfte waren verriegelt und die Jachten schunkelten leise vor sich hin. Die zwei Gruppen streiften durch ihre Reviere, aufmerksam nach dem geringsten Geräusch lauschend.

Louis' Stimme tönte aus Sihems Funkgerät: „Adjutante Bensarahoui, bitte kommen! Over. Erbitte Lagebericht! Over." Sihem sprach ruhig in ihr *Talkie Walkie*: „Im Jachthafen ist nichts los.* Völlige Stille. Over."

Sihem steckte das Funkgerät wieder an ihren Gürtel und lief mit Benni und Didier weiter entlang des Jachthafens. Sie sagte zu Benni: „Das war ein guter Plan von dir, aber ich befürchte, wir werden diese Nacht kein Glück haben."

Benni wollte gerade antworten, als er vor Schreck erstarrte. Er zeigte neben einen alten Turm im Hafen, von wo ihnen aus der Dunkelheit ein Paar große, runde, rote Augen entgegenstarrte. Dann hörte man ein Zischen und die Augen verschwanden wieder. Todesmutig rannten sie zu der Stelle, sahen aber nur noch einen Schatten verschwinden.

* Die Franzosen sagen **Talkie Walkie** statt Walkie Talkie, also genau andersherum als im Deutschen.

Sihem rief: „Ich werde verrückt! Da ist er! Los, hinterher!" Sie rasten um den Turm, neben dem der Schatten verschwunden war, doch Sihem blieb so plötzlich stehen, dass Benni in sie hineinstolperte. Sie sagte: „Weg! Der Schatten ist einfach weg." Sie standen im Dunkeln.

Die drei Verbrecherjäger schlichen weiter um den Turm, bis sie wieder zu der Stelle kamen, von der sie losgerannt waren. Es war nichts mehr zu sehen, aber Sihem wollte die Spur nicht aufgeben. „Fast hätten wir ihn gehabt!", ärgerte sie sich. „Los, wir schauen, ob der Schatten zurück zu den Jachten geschlichen ist!" Sie liefen entlang der Wasserkante und beobachteten die Boote und geschlossenen Restaurants. Benni rief: „Da vorne! Auf der anderen Straßenseite! Seht nur!"

Aus dem Dunkeln einer kleinen Seitengasse sahen sie wieder die roten Augen. Sihem rief in ihr Funkgerät: „Wir haben den Verdächtigen gefunden. Wir brauchen Verstärkung!" Sie rannte mit Benni und Didier in die Gasse hinein, bis sie auf eine Mauer stießen. Sie standen in einer Sackgasse. Als sie sich umdrehten, schreckten sie zusammen. Vom Beginn der Gasse starrte sie das rote Augenpaar an.

Wie von Geisterhand verschwanden die Augen plötzlich und tauchten dann nah bei ihnen wieder auf. Wieder ertönte das Zischen und hinter den roten Augen erhob sich ein riesiger Schatten. Was war das für eine Gestalt?

Sihem stellte sich schützend vor Benni und Didier und flüsterte: „Bleibt hinter mir!" Dann rief sie: „Stehenbleiben! Polizei! Keinen Schritt weiter!" Doch die Augen kamen immer näher. Es gab keinen Ausweg für Sihem, Didier und Benni.

Ein lautes Quietschen ertönte und die Gasse wurde von hellem Licht durchflutet. Es war B-OB, der mit Line und Louis und eingeschalteten Scheinwerfern um die Ecke gerast kam. Er beleuchtete ein völlig unerwartetes Bild.

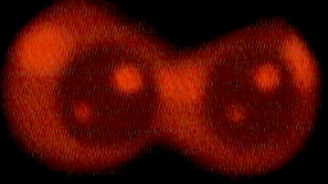

Didier stand schützend vor Benni und Sihem schützend vor Didier. Wenige Schritte vor ihnen kauerte ein merkwürdiges Wesen mit großen, runden, roten Augen, riesigen Ohren und einem langen, buschigen Schwanz. Eigentlich sah es ganz süß aus.

Benni staunte: „Ein Buschbaby! Wir hatten Angst vor einem Buschbaby!“ Das Tier schloss die Augen und hüpfte einen Schritt nach vorne. So konnte es also einfach verschwinden und an anderer Stelle wieder auftauchen.

Hinter dem kleinen Tier stand der Mann, der die Freunde tagsüber um Hilfe gebeten hatte. Er rief: „Pssst, mi Chouchou! Endlich habe ich dich wieder!“, und drückte das Tierchen an sich. Er strahlte über das ganze Gesicht.

Louis räusperte sich laut und sagte: „Aha! Da haben wir also unseren zischenden Schatten! *Monsieur*, dürften wir vielleicht erfahren, was hier gespielt wird, bevor wir Sie verhaften?“

Der Mann mit dem ungewöhnlichen Akzent schaute verwirrt. „Verhaften?!“, fragte er ungläubig. „Aber weshalb? Ich habe doch nur Chouchou gesucht. Er ist mir von meiner Jacht, der ‚Garota de Ipanema‘, entwischt und hat den Weg nicht mehr zurück nach Hause gefunden. Mein Name ist Erasmo Coutinho. Ich komme aus Brasilien und verbringe den Sommer in Saint-Tropez. Chouchou ist mein kleiner Begleiter.“

Louis schnaubte und sagte: „Pah! Entwischt. Ein kleiner Dieb ist das. Juwelenbesetzte Armbänder sind verschwunden! Torten wurden verunstaltet! Wollen Sie mir etwa weismachen, dass Sie damit nichts zu tun hatten?“

In diesem Moment meldete sich Benni, der die Sackgasse etwas genauer untersucht hatte. Er sagte: „Schaut mal hier! Anscheinend hat sich Chouchou ein Nest gebaut. Hier ist sogar ein Rest von der Torte. Der Kleine hatte sicher Hunger." Er zog etwas Glitzerndes hervor. „Und da haben wir das verschwundene Diamantenarmband."

Erasmo stöhnte auf: „Oh nein! Chouchou liebt glänzende Dinge. Er hat das Armband sicher stibitzt. Das ist mir schrecklich peinlich. Aber ich habe nichts Böses im Schilde geführt. Das müssen Sie mir glauben!"

Sihem sah ihn mitfühlend an und sagte: „Wir glauben Ihnen, Monsieur. Wir werden die wiedergefundenen Dinge ihren rechtmäßigen Besitzern zurückbringen. Aber das nächste Mal passen Sie bitte besser auf Ihr Haustier auf!"

Am Morgen trafen sich die Freunde wieder am Hafen. Louis sah höchst zufrieden aus. B-OB sagte zu ihm: „Du wirkst ja wie ausgewechselt."

Louis lächelte seinen alten Freund an: „Das bin ich auch. In Saint-Tropez herrscht wieder Ordnung und ich habe eine mutige und schlaue Nachfolgerin. So kann ich mich mit bestem Gewissen zur Ruhe setzen."

B-OB freute sich für seinen Freund. Er sagte: „Nach diesem kleinen Abenteuer wird es aber höchste Zeit, dass wir Claire finden. Hast du sie zufällig gesehen, Louis?"

Der Polizist nickte. „Ja, sicher. Sie war wie jedes Jahr hier. Aber sie ist schon wieder weitergezogen. Du kennst Claire ja. Die hält es im Sommer nie lange an einem Ort aus. Sie ist an die Atlantikküste gefahren. Wenn mich nicht alles täuscht, ist sie an der *Dune du Pilat*." *

B-OB lächelte breit und sagte zu Line, Benni und Didier: „Dann müssen wir uns beeilen. Wir haben eine ganze Strecke zu fliegen. Aber dafür kann ich euch eine der unglaublichsten Sehenswürdigkeiten Frankreichs zeigen." Wieder breitete er seine Flügel aus und die Reise ging weiter.

* **Dune du Pilat** (gesprochen *‚Dünn dü Pilah'*)

Akrobaten der Lüfte

Auf dem Flug nach Westen rief B-OB seinen Passagieren zu: „Kinder, wir haben ein Riesenglück! Auf dem Weg zur Dune du Pilat fliegen wir über eine der unglaublichsten Sehenswürdigkeiten Frankreichs. Es ist eine der berühmtesten Brücken der Welt."
Benni rief: „Das ist bestimmt die *Pont d'Avignon* - die Brücke von Avignon, oder? Von der kenne ich das Lied aus der Schule!" *

B-OB lachte: „Na fast, die ist zwar auch nicht weit weg und eine Reise wert, aber schaut mal da unten! Das ist die berühmte *Pont du Gard*.** Das ist eine Brücke, die vor ungefähr zweitausend Jahren von den Römern gebaut wurde und noch immer erhalten ist."
Die Kinder bestaunten das alte Bauwerk.

* **Pont d'Avignon** (gesprochen ‚*Poh Dawinjoh*' - ‚Poh' mit Nase zu) und das Lied ‚*Sur le Pont d'Avignon*'.

** **Pont du Gard** (gesprochen ‚*Poh dü Gahr*' - ‚*Poh*' mit Nase zu)

Line rief: „Da fahren ja Leute sogar Kajak und schwimmen unter der Brücke durch. Können wir da auch hin?" B-OB antwortete: „Tut mir wirklich leid, Line, aber wir müssen uns etwas beeilen, sonst schaffen wir es nie, Claire rechtzeitig zu finden. Und ich verspreche dir, die Dune du Pilat, zu der wir fliegen, ist mindestens ebenso beeindruckend. Das ist nämlich die größte und höchste Düne Europas."

Didier ergänzte: „Und als ob sie nicht groß genug wäre, wächst sie sogar jedes Jahr noch weitere anderthalb Meter. Das ist etwa so viel wie die Größe eines 12-jähriges Kind. Die Düne hat schon Bäume und Straßen und angeblich sogar ein ganzes Hotel verschlungen!
Seht nur, da vorne ist sie schon."

Vor den Freunden tauchte die gigantische Sanddüne auf. Line rief: „Wow, das sieht ja aus wie ein riesiger Strandberg. Und was sind das eigentlich für bunte Vögel überall?" B-OB antwortete ihr: „Das sind keine Vögel, das sind Paraglider. Viele Menschen kommen mit Gleitschirmen hierher und starten von der hohen Düne aus, um über das Meer zu gleiten. Gar nicht so einfach, hier durchzufliegen."

B-OB geriet mitten in einen Schwarm Paraglider, aber schaffte es elegant, um die Gruppe herumzumanövrieren und sanft auf der Düne zu landen. Die Kinder staunten über den Ausblick. Um sie herum war nichts als Meer auf der einen und Wald auf der anderen Seite zu sehen.

Der Wind blies ihnen so stark um die Ohren, dass sie rufen mussten, um sich zu verständigen. „So, jetzt schauen wir aber mal, ob wir endlich Claire finden“, rief B-OB. „Bestimmt verkauft sie hier leckere Getränke. Bei dem Wind und der Sonne wäre es schön, zur Erfrischung eine eiskalte *Orangina* trinken zu können.“*

Gemeinsam suchten sie die Düne ab und fragten die Menschen, ob sie Claire gesehen hätten, leider ohne Erfolg. Weit und breit war nichts von ihr zu sehen. Plötzlich rief hinter ihnen eine ängstliche Stimme: „Hilfe! Hilfe! Meine *Maman* hängt fest.** Kann ihr denn niemand helfen?“

* **Orangina** (gesprochen ‚*Ohrongschinah*‘) ist eine französische Limonade. Die gibt es sogar in Deutschland.

** **Maman** (gesprochen ‚*Mammoh*‘) bedeutet ‚Mama‘.

Ein Mädchen stand auf der Düne und versuchte, die Menschen auf sich aufmerksam zu machen. Die Freunde eilten zu ihr. Das Mädchen zeigte am Himmel auf eine der vielen Paragliderinnen. „Bitte helft mir!", sagte sie. „Seht nur, meine Maman kommt nicht mehr zwischen den vielen anderen Paraglidern durch!"

Sie schauten in den Himmel und sahen einen der Schirme immer im Kreis fliegen. Um sie herum, über ihr und unter ihr flogen ständig andere Paraglider. Niemand schien die Frau in ihrer Not zu beachten.

B-OB rief: „Didier! Spring schnell an Bord! Wir müssen der Dame helfen! Line, Benni, ihr bleibt bei dem Mädchen!" B-OB entfaltete mit einem **WUUSSSCCCHHH** seine Flügel und hob ab.

Geschickt manövrierte er mit waagerecht gestellten Propellern zwischen den Paraglidern hin und her und segelte sogar mit dem Wind, um in der Nähe der Frau in Not zu bleiben. Er rief Didier zu: „Meine Flügel sind zu breit. Ich weiß nicht, wie ich näher an sie rankomme, ohne den Fallschirm zu berühren."

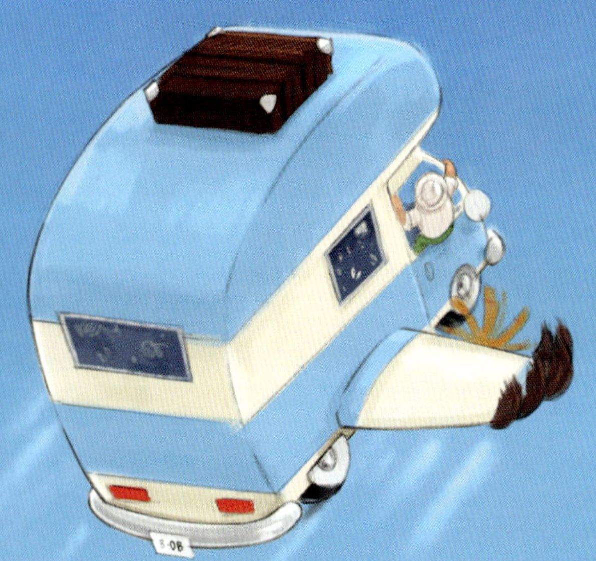

Didier hatte die rettende Idee. Er rief: „Du hast doch bestimmt eine Sicherheitsleine, mit der ich auf dein Dach klettern kann, oder? Wenn ich sicher stehe, näherst du dich der Madame von unten. Dann halte ich sie an den Beinen fest und wir können versuchen gemeinsam zu landen."

B-OB war einverstanden. Er erklärte Didier, wo er den Sicherheitsgurt finden würde. B-OB blieb still in der Luft stehen und wartete, bis Didier bereit war. Dann flog er sachte unter die Frau und Didier packte fest ihre Füße. Mit der Dame auf Didiers Schultern landete das Wohnmobil vorsichtig auf der Düne.

Das Mädchen raste zu ihnen und umarmte ihre Mutter stürmisch. Sie rief: „Maman! Gott sei Dank bist du in Sicherheit!“

Die Mutter beruhigte erst ihre Tochter und dann sich selbst. Zu B-OB und Didier sagte sie: „Messieurs, vielen, vielen Dank für die wagemutige Rettung.* Mein Name ist Carole und das hier ist meine Tochter Lila.* Wir sind hier im Urlaub. Jedes Jahr probiere ich eine neue Aktivität aus. Dieses Jahr wollte ich mit einem Paraglider über das Meer segeln, aber ich habe offensichtlich etwas unterschätzt, wie schwierig das ist.“

Lila verdrehte die Augen, aber umarmte ihre Mutter zärtlich. Sie sagte: „Ach, weißt du, Maman, nächstes Mal gehen wir einfach zusammen an den Strand oder so. Hauptsache, wir verbringen gemeinsam Zeit.“ Zu Didier sagte sie: „Vielen Dank, dass Sie meine Mutter gerettet haben. Das war wirklich wagemutig!“ Carole stimmte ihrer Tochter zu: „Ja, wirklich. Ohne Sie würde ich vermutlich noch immer da oben im Kreis fliegen.“

Didier freute sich über die Komplimente. Er sagte: „Ach, bei so einer liebevollen Mutter-Tochter-Beziehung kann man doch nicht anders. Schön, dass wir helfen konnten!“

B-OB sagte: „So, wenn wir dein Atelier noch retten wollen, müssen wir jetzt aber wirklich weiter. Ich habe vor unserem kleinen Abenteuer jemanden getroffen, der Claire anscheinend gesehen hat. Sie ist wohl wieder weitergereist. Diesmal zu den *Loire-Schlössern*.** Auch wenn es etwas ärgerlich ist, dass wir so lange brauchen, um Claire zu finden, ist das Gute, dass sie sich einige der schönsten Orte Frankreichs ausgesucht hat.“

Mit dem mächtigen **WUUUUSSSCCCHHHH** breitete B-OB seine Flügel wieder aus und weiter ging es in den Norden.

* **Messieurs** (gesprochen ‚*Messiö*‘) bedeutet „meine Herren“.

** **Loire** (gesprochen ‚*Loahr*‘)

Verirrt

Auf dem Weiterflug rief Line B-OB zu: „Sag mal, wer ist eigentlich diese Loire und wieso hat sie mehrere Schlösser?“

B-OB lachte. „Die Loire ist der längste Fluss Frankreichs“, erklärte er. „Und das Loiretal ist eine der schönsten Gegenden des Landes, auch wenn ich das auf dieser Reise ständig sage. Früher, als es in Frankreich noch einen König gab, bauten die Adeligen hier Hunderte von Schlössern und Burgen, von denen man heute die meisten besuchen kann. Viele von diesen Schlössern haben prächtige Gärten.“

Benni meldete sich zu Wort: „Aber wenn es Hunderte von Schlössern und Burgen gibt, woher sollen wir dann wissen, wo genau Claire ist?“

B-OB hatte eine Antwort parat: „Eigentlich kann ich mir nur vorstellen, dass sie zu ihrem Lieblingsschloss gefahren ist, *Schloss Chenonceau* – auch genannt das ‚Schloss der Damen‘.* Man sagt, es ist eines der elegantesten und feinsten Bauwerke an der Loire, weil es sich immer im Besitz bedeutender Frauen der französischen Adelsgeschichte befand.“

* **Chenonceau** (gesprochen ‚*Schönohsoh*‘)

B-OB machte sich bereit zur Landung und setzte in einem wunderschön gepflegten, edlen Garten auf. Neben ihnen floss der Fluss *Cher*, über dem das Schloss Chenonceau wie eine Brücke gebaut war.* „Boah, das sieht ja wirklich aus wie ein Märchenschloss!“, staunte Line. „Und davon gibt es hier Hunderte?“

„Na ja, manche sind größer, manche kleiner“, erklärte Didier. „Aber man kann hier in der Gegend wirklich sehr viel Zeit verbringen und jeden Tag ein anderes schönes Schloss besuchen.“

Die Freunde machten sich auf, um nach Claire zu suchen, und gingen die weite Allee entlang, die zum Schloss führte. Immer noch war weit und breit nichts von ihr zu sehen. Didier kam vom Kassenhäuschen zurück, wo er eben nach Claire gefragt hatte. Er sagte: „Ich befürchte, wir haben schon wieder Pech gehabt. Claire ist weitergezogen. Sie ist in ....“

Da drang aus dem Innern des Gartens eine Stimme zu ihnen: „Kinder, das ist nicht mehr lustig! Wo seid ihr denn? Kommt auf der Stelle da raus! Kinder? Seid ihr noch da?“

* **Cher** (gesprochen ‚*Schehr*‘)

Line und Benni gingen der Stimme nach. Eine blonde Dame stand vor einer großen, grünen Hecke und rief weiter: „Hört jetzt auf mit euren Scherzen, sonst müsst ihr alle nachsitzen! Kommt endlich raus da!" Line fragte sie: „Hallo, Entschuldigung. Können wir Ihnen helfen?"

Die Dame schaute Line und Benni verdutzt an. Dann sagte sie: „Nun, vielleicht. Wisst ihr, mein Name ist Madame Le Breton.* Ich bin Lehrerin und mit meinen Schülern auf Klassenfahrt. Wir besuchen einige der bekanntesten Schlösser der Loire. Aber nun ist die ganze Klasse in diesem Labyrinth verschwunden. Ich höre nichts von ihnen und sie kommen nicht mehr heraus. Ich möchte auch nicht selbst hineingehen, für den Fall, dass sie genau dann doch wieder herauskommen."

B-OB und Didier waren mittlerweile hinzugekommen und hatten gehört, was die Lehrerin gesagt hatte. B-OB brummte: „Hm, normalerweise würde ich ja einfach über das Labyrinth fliegen und nachschauen, was los ist. Aber bei den vielen Bäumen ist das keine gute Idee. Da hilft wohl nur eins: Wir müssen rein und nach den verschollenen Kindern suchen." Line und Benni sprangen vor Freude in die Luft. Line rief: „Klasse! Das wird ein super Abenteuer. Auf geht's!"

Die vier Freunde betraten das Labyrinth. Um sie herum ragten die grünen Hecken in die Höhe. Sobald sie tiefer in den Irrgarten gingen, schimmerte das Licht dunkelgrün. Auch die Geräusche von außen, das Vogelgezwitscher und die Stimmen der vielen Touristen verstummten. Sie hörten nur noch das Rascheln der Zweige und merkwürdigerweise ein leises Trippeln von Füßen. B-OB sagte zu den anderen: „Ich denke, es ist besser, wenn wir zusammenbleiben. Das würde uns gerade noch fehlen, dass wir einander verlieren."

* **Le Breton** (gesprochen *‚Lö Brötoh'*)

Immer tiefer drangen sie in das riesige Labyrinth hinein. Links, rechts, wieder rechts. Sackgasse. Wieder zurück, rechts, nochmal rechts. Schon wieder eine Sackgasse.

Benni sagte: „Spannend, wie schwierig es ist, einen Weg durch diesen Irrgarten zu finden. Und noch immer keine Spur von den verschollenen Schülern."

In genau diesem Moment flitzte ein Kind aus einer Lücke in der Hecke. „He! Stopp!", rief B-OB. „Eure Lehrerin sucht euch doch!" Die Freunde rannten hinter dem Kind her, aber als sie um die Ecke bogen, standen sie wieder vor einer Sackgasse. Das Kind war verschwunden.

Vorsichtig gingen die Vier wieder in die Richtung, aus der sie glaubten, hergekommen zu sein. Hinter ihnen ertönte eine Stimme: „Hallo! Hier sind wir! Fangt uns doch!" Sie drehten sich um und sahen gerade noch ein Mädchen, das frech die Zunge herausstreckte und davonlief. „Die wollen uns doch veräppeln!", rief Benni.

Sie rannten, so schnell sie konnten, hinterher, doch plötzlich stolperten Line, Benni und Didier. „So eine Gemeinheit!", rief Line. „Da hat jemand einen Stock durch die Hecke gesteckt, damit wir darüber stolpern. So langsam will ich diesen frechen Haufen wirklich schnappen!"

„Seht mal, da liegt etwas!", sagte Benni und zeigte auf den Boden. „Ich glaube, es ist eine Bauchtasche. Vielleicht hat sie ja einer der Schüler verloren." Er lief zu der am Boden liegenden Tasche, doch bevor er sich zu ihr bücken konnte, verschwand sie wie von Geisterhand unter der Hecke.

Benni war empört. „Schon wieder ein Streich!", rief er. „Die Tasche war an einer Schnur festgebunden. Ich glaube, die Schüler haben sich gar nicht verlaufen. Sie spielen ihrer Lehrerin einen Streich, aber nun, wo wir im Irrgarten sind, treiben sie ihre Scherze mit uns."

B-OB hatte gerade zu Ende gesprochen, als ein Stimmengewirr von Kindern zu hören war: „*Non, monsieur*! Ich bin schon gelaufen. Jetzt ist endlich Jules dran!" „Ich? Wieso ich?", rief der Junge, der offenbar Jules hieß. „Ich habe doch gerade den Stock durch den Busch gesteckt. Und überhaupt, wenn Awen etwas schneller gelaufen wäre, dann hätten wir die vier Touristen dort drüben so richtig ärgern können!"

„Schneller gelaufen? Gleich gibt es aber Ärger hier! Ich wäre ja gerne schneller gelaufen, aber wenn Margo ..." Ein Mädchen unterbrach Awen: „Was, wenn Margo? Ich habe hier die besten Pläne erstellt. Was kann ich dafür, wenn Caroline und Lenny nicht machen, was ihnen gesagt wird?" Die vier Freunde schlichen die Labyrinth-Hecke entlang und linsten vorsichtig um die Ecke.

Dort stand die Schülergruppe in der Mitte des Labyrinths und stritt sich lauthals darüber, wer schuld daran war, dass der nächste geplante Streich nicht funktionierte. „Wie bitte? Gleich knallt es hier aber. Marie hat ja die Knallfrösche im Bus liegen lassen. Wie soll man denn da noch vernünftige Streiche spielen?!" schrien Caroline und Lenny Margo an.

Marie schnappte nach Luft: „Ihr seid doch selbst die Knallfrösche! Sophie hat den Rucksack im Bus liegen lassen ...!" Bevor die Schülergruppe weiter streiten konnte, räusperte sich B-OB laut. Die Kinder erstarrten und schauten ihn an. So, ihr kleinen Streithähne", grummelte er. „Ich würde sagen, das reicht für heute mit dem Streichespielen. Wollen wir mal wieder zu eurer Lehrerin zurückgehen? Die macht sich schon große Sorgen."

Das Mädchen namens Margo schaute betreten auf den Boden. Sie sagte: „Na gut, erwischt. Aber wenn wir ehrlich sind, auch wenn wir hier Streiche gespielt haben, wir haben uns tatsächlich etwas verlaufen. Wie kommen wir denn hier nun wieder raus?"

B-OB war sich selbst unsicher. Er sagte: „Öhm, gute Frage. Am besten wir gehen den selben Weg zurück, den wir gekommen sind. Kann sich jemand erinnern, wo wir hergekommen sind?"

Benni meldete sich zu Wort: „Ich habe eine bessere Idee", sagte er. „Ich habe mal gelesen, dass man einfach nur die Hand auf eine Seite der Labyrinthwand legen muss. Dann geht man los, ohne je die Hand wegzunehmen. Das ist der Trick, um aus jedem Irrgarten zu entkommen."

Die Freunde und die Schüler probierten es und tatsächlich schafften sie es nach einigen Biegungen und Wendungen, wieder zu der erleichterten Lehrerin zu kommen. Sie rief: „Da seid ihr armen Kinder ja endlich wieder! Gott sei Dank konnten euch diese netten Leute retten!"

Zur Überraschung der Freunde sagte Marie, die Größte aus der Schülergruppe: „Ja, wir hatten wirklich Glück. Es war schon ein bisschen unheimlich, nicht wieder aus dem Labyrinth herauszufinden." Zu B-OB und den anderen rief sie: „Vielen Dank für eure Hilfe und Geduld. Tut mir leid, dass wir euch so geärgert haben. Wir haben wirklich nur Spaß gemacht und es nicht böse gemeint."

Line, Benni, Didier und B-OB freuten sich über die netten Worte der Schülerin. Die Lehrerin führte die Gruppe zurück zum Parkplatz, wo ihr Bus auf sie wartete. Madame Le Breton sagte zu ihren Schülern: „Und ich dachte schon, wir könnten nicht mehr nach Paris fahren, bevor wir zurück nach *Saint-Brieuc* müssen." *

Didier sagte: „Ich finde ganz wunderbar, wie sehr Sie sich um ihre Schüler sorgen und für sie einsetzen. Und eigentlich ist es doch ganz schön, dass die Kinder so gewitzt sind. Immerhin können sie auch höflich sein." Zu seinen Freunden gewandt sagte er: „So, jetzt kann ich euch aber endlich erzählen, wohin es Claire verschlagen hat. Sie ist offenbar wieder ans Meer gefahren. Und zwar ist sie am *Mont-Saint-Michel*." ** Während B-OB seine Flügel mit dem mächtigen **WUUUSSCHHH** ausbreitete, rief er: „Dann mal alle an Bord. Es wäre doch gelacht, wenn wir Claire dieses Mal nicht erwischen würden. Es wird wirklich höchste Zeit!"

* **Saint-Brieuc** (gesprochen *‚Säh-Briö' - ‚Säh' mit Nase zu*) ist ein hübsches Örtchen in der Bretagne.

** **Mont-Saint-Michel** (gesprochen *‚Moh-Säh-Mischell'*)

Die Rettung

Auf dem Weiterflug erzählte B-OB seinen beiden Freunden wieder etwas über ihr Reiseziel: „Ihr werdet euch wundern! Der Mont-Saint-Michel ist ein altes Kloster, das aussieht, als ob es aus einem Märchen entstammt. Es ist auf einer Insel mitten im Meer gebaut. Die meiste Zeit erreicht man diese Insel auch zu Fuß, aber wenn die Flut besonders hoch ist, ist das Kloster vom Festland abgeschnitten. Dort in der Ferne seht ihr die Insel schon!“

Vor ihnen tauchte der berühmte Mont-Saint-Michel auf. Die ganze Insel sah aus wie ein magischer Palast mitten im Meer, mit ihren spitzen Türmen und den hohen Mauern, die um die ganze Insel reichten.

Didier ergänzte: „Wisst ihr, der Mont-Saint-Michel liegt genau auf der Grenze zwischen zwei unglaublich schönen Gegenden Frankreichs: der *Normandie* und der *Bretagne*.* Aus der Normandie kommt einer der bekanntesten Käse der Welt, der *Camembert*, und aus der Bretagne hauchdünne herzhafte Pfannkuchen, die man *Galettes* nennt.** Vielleicht haben wir ja Glück und finden hier welche."

Sie landeten vor den Toren der alten Klostermauer. Sofort rief B-OB: „Da ist sie ja endlich, meine Claire! Huhu Claire!" Didier und die Kinder sahen sich um und erblickten einen alten grellpink-cremefarbenen Lieferwagen auf sich zurasen.

* **Normandie** (gesprochen ‚*Nohrmohndih*') **Bretagne** (gesprochen ‚*Bröhtanje*')
** **Camembert** (gespr. ‚*Kammommbär*') **Gallettes** (gespr. ‚*Gallett*')

Der alte Lieferwagen war offenbar Claire! Sie hatte einen Passagier bei sich. In ihrer Fahrerkabine saß ein Mann mit Dreitagebart in einem blau-weiß gestreiften Pullover. B-OB war außer sich vor Freude, dass seine Freundin so stürmisch auf ihn zugerast kam. Doch anstatt bei den Freunden anzuhalten, flitzte sie an ihnen vorbei.

„*Salut* B-OB!“, rief sie.* „Was für eine wundervolle Überraschung. Ich habe leider keine Zeit zu reden! Kommt schnell mit. Es ist ein Notfall, wir brauchen eure Hilfe!“ Line, Benni und Didier sprangen sofort wieder an Bord und B-OB sauste hinter Claire her.

Sie fuhren auf dem feuchten Sand um die Insel herum, bis sie Claire schließlich eingeholt hatten. Sie stand vor einem reißenden Strom und schaute zum anderen Ufer. Dort, eingekreist von der steigenden Flut, sahen sie eine Gruppe Touristen.

Claire rief B-OB zu: „Es ist immer dasselbe. Die Touristen unterschätzen, wie schnell die Flut hier kommen kann. Sie gehen auf dem weiten Strand spazieren und werden dann vom steigenden Meer überrascht. Wir müssen uns beeilen. Bald steht ihnen das Wasser bis zum Hals und die Strömung ist so stark, dass sie sie mitreißen würde.“

Noch während Claire sprach, rückten die von der Flut eingekreisten Menschen näher zusammen, um keine nassen Füße zu bekommen.

* **Salut** (gesprochen ‚*Sallü*‘) bedeutet „Hallo“.

B-OB sprang in Aktion. Er entfaltete seine Flügel mit dem großen **WUSSSSCHHHH** und flog über die steigende Flut. Langsam schwebte er zu den gestrandeten Touristen hinab, die ihm vorsichtig Platz machten. Er öffnete seine Türen und ließ einen nach dem anderen in sein geräumiges Inneres. „Neun, zehn, elf. Das waren, glaube ich, alle. Das war ja ein Kinderspiel. Dann mal ans trockene Ufer mit euch!"

B-OB schlug mit den Flügeln, um die Touristen in Sicherheit zu bringen, doch nichts passierte. Egal wie sehr er sich bemühte, er schaffte es nicht abzuheben. Er sah nach unten und erkannte sofort das Problem.

Er rief seinen Freunden zu: „Ich stecke im nassen Sand fest! Ich bin mit so vielen Menschen an Bord zu schwer und kann nicht aus dem Schlick abheben. Mein Luftkissen kann ich auch nicht aufblasen. Ich bräuchte mehr Abstand zum Boden. Wir müssen uns etwas anderes einfallen lassen." Er bat die Touristen, wieder auszusteigen, und flog zurück zu seinen Freunden, um eine neue Rettungsidee zu finden.

Er sagte: „Es hat keinen Zweck zu fliegen. Bis ich die Leute einzeln hier herübergeschafft habe, sind die Letzten schon längst weggespült worden."

Line hatte eine Idee. Sie rief: „B-OB, klapp schnell deinen Haken raus! Ich glaube, ich weiß, wie wir die Leute in Sicherheit bringen können." B-OB gehorchte schnell und mit einem metallischen **KALLLLONNNKK** klappte er seine Seilwinde herunter. Line lief zu ihm, zog den riesigen Haken heraus und rollte das Seil aus. Dann ging sie zu Claire und sagte: „Hallo, ich bin Line, darf ich den hier an dir festmachen?"

B-OBs Freundin war sofort einverstanden. Sie sagte: „Natürlich, ich bin auf deinen Plan gespannt." Ihrem freundlichen Begleiter rief sie zu: „Régis, würdest du der jungen Mademoiselle bitte helfen?"* Der Mann mit dem gestreiften Pulli eilte zu Line und gemeinsam banden sie das Seil und den Haken an Claires Stoßstange fest.

B-OB hatte verstanden, was Line vorhatte. Er rief ihr zu: „Das ist eine super Idee! Los, spring an Bord. Ich werde Hilfe brauchen, die gefangenen Touristen zu koordinieren." Claires Freund Régis sagte: „Ich komme auch mit. Vielleicht kann ich helfen!", und er hüpfte neben Line in B-OBs Fahrerkabine.

* **Régis** (gesprochen ‚*Rehschis*'. Mit einem ‚g' wie in ‚Regisseur'.)

Der pustete mit einem lauten **SCHUUUUUUUUUHHHH** sein Luftkissen auf und schwebte über das Wasser zu den gefangenen Touristen. Dabei zog er sein Seil hinter sich her und rollte es immer weiter ab.

Auf dem Weg rief Régis: „Wir müssen uns beeilen! Seht nur, die Leute haben kaum noch Platz!“ Tatsächlich hatte die Flut das Meer so weit ansteigen lassen, dass sich die Gruppe eng zusammendrängen musste, um nicht völlig im Wasser zu stehen. Zwischen Claire und B-OB war nun das Seil über die einlaufende Flut gespannt.

Line rief den Leuten zu: „Los jetzt! Alle halten sich am Seil fest und gehen durchs Wasser. Ohne nasse Hosen kriegen wir das leider nicht mehr hin.“ Régis nahm ein Kind auf die Schulter und eine alte Dame an die Hand und begleitete die Gruppe durch das Wasser auf die andere Seite. Dann schwebten Line und B-OB zurück zu Claire, Benni und Didier.

Die Touristengruppe bedankte sich überschwänglich bei B-OB und seinen Freunden und suchte sich ein ruhiges Plätzchen in der Sonne, um die nassen Hosen zu trocknen.

Nach all der Aufregung drehte sich Claire zu B-OB und strahlte über das ganze Gesicht. „Mein lieber B-OB", sagte sie. „Ich freue mich so, dich wiederzusehen. Es ist schon viel zu lange her! Wann haben wir uns denn überhaupt das letzte Mal getroffen? Doch nicht etwa 1998 bei der Fußball-Weltmeisterschaft hier in Frankreich? Auf jeden Fall hattest du da noch keine so moderne Ausstattung. Ich bin beeindruckt."

B-OB strahlte. Er war überglücklich, seine alte Freundin gefunden zu haben. Er sagte: „Ach meine Claire, wie ich dich vermisst habe! Du hast es uns wirklich nicht leicht gemacht, dich zu finden. Wir sind dir fast durch das ganze Land gefolgt! Aber wenigstens hast du dir schöne Stellen ausgesucht. Ich konnte meinen beiden Freunden hier schon einiges von Frankreich zeigen."

Er stellte Line und Benni vor und erklärte, wie die Kinder ihn in der verbotenen Scheune aufgeweckt hatten und sie gemeinsam seine moderne Ausrüstung bei ihrem Abenteuer in Deutschland besorgt hatten.

Claire freute sich, Line und Benni kennenzulernen, und sagte: „B-OBs Freunde sind auch meine Freunde. Schön, dass euch Frankreich so gut gefällt! Wisst ihr, Régis ist der beste Galette-Koch der ganzen Normandie und Bretagne." Benni fragte: „*Galettes*? Was sind das eigentlich für Pfannkuchen? Ich habe immer nur von *Crêpes* gehört. Ist das so etwas Ähnliches?"

Régis erklärte es ihm: „Ja und nein. *Galettes* sind auch eine Art Pfannkuchen, so wie *Crêpes*, aber nicht süß. Sie sind aus Buchweizenmehl gemacht und man kann sie füllen, wie man will. Ich liebe die *Galette Bretonne* – die bretonische Galette – gefüllt mit viel Käse, Schinken und Ei. Wenn ihr Lust habt, bereite ich euch welche zu. Nach der ganzen Aufregung können wir alle sicher eine kleine Stärkung gebrauchen." Die Freunde stimmten begeistert zu. Régis kletterte in das alte Auto und begann zu kochen. Schon bald saßen sie gemeinsam in der Sonne und genossen das leckere Essen – für Line natürlich ohne Schinken.

B-OB stellte Claire in der Zwischenzeit seinen neuen Freund Didier vor und erklärte ihr, dass sie dringend ihre Hilfe benötigten, um das Atelier Perroquet zu retten.

„Hm. Ich habe schon gehört, dass Édith Méchantelle das Atelier Perroquet gekauft hat", sagte Claire nachdenklich. „Ich kenne sie sehr gut. Wir waren damals zusammen an der Kunstakademie. Ich würde sagen, wir waren sogar Freundinnen. Irgendwann trennten sich unsere Wege. Sie hat das große Kunst-Magazin *„Le Pinceau"* gegründet, das sie berühmt gemacht hat.* Sie hat vermutlich neue Freunde gefunden. Jedenfalls hatten wir seit damals keinen Kontakt."

Didier klang hoffnungsvoll. „Aber dann kannst du Édith doch vielleicht umstimmen, damit sie die Schule nicht abreißt, oder?", fragte er. „Wenn ihr so alte Freunde seid, hört sie bestimmt auf dich!"

Claire wirkte skeptisch. „Na, ich weiß nicht", sagte sie. „Wie gesagt, wir waren zwar mal vor sehr langer Zeit gute Freundinnen, aber ich habe lange nichts von ihr gehört. Ich weiß nicht, wie sie heute so ist." Sie fügte hinzu: „Wenn wir das Atelier Perroquet retten wollen, müssen wir uns aber sehr beeilen. Ich habe gestern erst mit einer Freundin in Montmartre telefoniert, die mir sagte, dass schon morgen mit dem Abriss der Villa begonnen werden soll. Wir müssen uns sofort auf den Weg nach Paris machen, wenn wir eine Chance haben wollen, deine Kunstschule zu retten, Didier."

Didier sprang erschrocken auf. „Was?!", rief er. „Morgen soll mein geliebtes Atelier abgerissen werden? Wir müssen unbedingt zu Édith. Claire, bitte hilf mir, sie zu überzeugen!"

Line, Benni und B-OB machten sich sofort bereit für die Abfahrt. „Natürlich helfe ich dir!", sagte Claire. „Wie schon gesagt, B-OBs Freunde sind auch meine Freunde. Es wird sowieso langsam Zeit für mich, nach Paris zurückzukehren."

Sie wandte sich an Régis „Hast du nicht Lust mitzukommen?", fragte sie ihn. „Ich glaube, unsere Galettes würden in Montmartre auch sehr gut ankommen." Régis freute sich über die Einladung und sagte sofort zu: „Ich komme gerne mit, aber nicht nur wegen der Galettes. Ich habe Lust, mal wieder ein bisschen Großstadtluft zu schnuppern, und wenn ich euch dabei auf einem Abenteuer begleiten kann, umso besser."

Gemeinsam fuhren die Freunde zurück nach Paris.

* **Le Pinceau** (gesprochen *‚Lö Pähsoh'* mit Nase zu bei ‚Pä') bedeutet ‚Der Pinsel'.

Verfolgungsjagd durch Paris

Claire und B-OB fuhren so schnell sie konnten, doch Didier wurde mit jedem Kilometer ungeduldiger. Er sagte: „B-OB, wir sind doch durch ganz Frankreich geflogen, gibt es nicht eine Möglichkeit, Claire auch mitfliegen zu lassen?"

Claire, die Didiers Frage gehört hatte, schmunzelte: „Ich habe vielleicht nicht so schicke neue Flügel wie B-OB, aber ich habe auch ein paar Überraschungen auf Lager. B-OB, falte ruhig deine Flügel aus und flieg los! Versuche aber mitzuhalten, ja? Régis, ich hoffe, du bist gut angeschnallt, wir machen jetzt einen Gang schneller!"

Ein ohrenbetäubender **KNALL** war zu hören und Claire schoss mit einem Feuerschweif hinter sich die *Autoroute* entlang.* Sie hatte einen Düsenantrieb ausgeklappt und raste schnell wie eine Rakete. B-OB schwang sich in die Lüfte und gab sich alle Mühe, um Claire einzuholen.

Als die Freunde sich Paris näherten und der Verkehr immer dichter wurde, verlangsamte Claire das Tempo und B-OB landete beim Fahren neben ihr. Gemeinsam rollten sie auf Paris zu. Um Line zu necken, rief Benni lachend: „ERSTER! Ich habe den Eiffelturm zuerst gesehen!"

Line tat so, als ob sie sich ärgerte, und sagte: „Mann, nächstes Mal muss ich wirklich die Augen aufhalten. Ich bin doch sonst die beste Späherin weit und breit." Sie ergänzte: „Ich hoffe echt, dass wir noch Gelegenheit haben werden, uns den Eiffelturm in Ruhe anzusehen."

Claire rief: „Ganz bestimmt, aber jetzt kommen wir erst mal in Paris an. Édith hat ihr Büro in *La Défense*, dem größten Büroviertel Europas.** Ich habe gelesen, dass sie Kunst als Geschäft sieht und daher nicht im Künstlerviertel arbeiten möchte, sondern in einem Geschäftsviertel."

* **L'autoroute** (gesprochen ‚*Lottorutt*') ist die Autobahn.

** **La Défense** (gesprochen ‚*La Dehfohns*')

Sie fuhren zwischen den vielen Hochhäusern auf den großen Büro-Torbogen, den *Grande Arche de La Défense* zu.* Vor einem verspiegelten Gebäude hielten sie an. Die Freunde rollten in die riesige Eingangshalle zur Rezeption. Claire sagte: „Guten Tag, wir möchten gerne zu Madame Édith Méchantelle. Bitte sagen Sie ihr, eine alte Freundin aus der gemeinsamen Zeit an der Kunstakademie ist hier, um sie zu sprechen."

Der Rezeptionist musterte Claire und ihre Freunde von oben bis unten. Dann sagte er mit hochnäsiger Miene: „Madame, ich muss Sie leider enttäuschen. Selbst wenn ich Sie zu Madame Méchantelle lassen dürfte, sie ist nicht im Hause. Sie haben sie knapp verpasst." Didier fragte nervös: „Wo ist sie denn hin? Doch nicht etwa nach Montmartre, um mein geliebtes Atelier abreißen zu lassen?!"

Der Rezeptionist antwortete Didier: „Monsieur, wo Madame Méchantelle in ihrer Freizeit hingeht, ist ihre Privatsache. Dafür werden Sie sicherlich Verständnis haben." Claire unterbrach den Mann: „Freizeit? Édith ist doch leidenschaftliche Jetski-Fahrerin! Sie ist bestimmt an die Seine gefahren, um dort mit ihrem Jetski herumzuflitzen!" **

Der Rezeptionist wurde blass. Er stotterte: „Nun, äh, d-d-das kann ich w-w-weder bestätigen n-n-noch verneinen. Bitte sagen Sie M-m-Madame Méchantelle nicht, dass ich sie verraten habe. Ich w-w-wäre meine Arbeit los." Claire lachte: „Keine Sorge! Wir müssen Édith erst mal finden. Wenn sie vor kurzem das Büro verlassen hat, kann sie ja nicht weit weg sein. Sie fährt einen lila *Citroën DS*. Sie müsste leicht zu erkennen sein. Am besten fahren wir zur Seine und probieren unser Glück. Viel Zeit bleibt uns nicht."

* **Grande Arche de La Défense** (gesprochen *‚Grohnd Arsch dö la Dehfohns'* - *hihi ‚Arsch'* ☺)

** **Die Seine** (gesprochen *‚Senn'*) ist der Fluss, der durch Paris fließt.

B-OB und Claire rasten in Richtung Fluss. Claire rief: „Von hier ist es nicht weit bis zur Seine! Da vorne sehe ich schon die Brücke!“ Didier zeigte in die Ferne: „Aber dort hinten fährt doch Édiths lila Auto. Sie fährt weiter in Richtung Stadtmitte.“ Claire wunderte sich: „Du hast recht. Aber wieso fährt sie zur Innenstadt? Egal, wir müssen ihr folgen.“

Claire und B-OB schafften es, Édith trotz ihrer rasanten Fahrweise dicht auf den Fersen zu bleiben. Benni rief: „Seht nur, vor uns ist der *Arc de Triomphe*, der Triumphbogen. Dort holen wir sie sicher ein!“

Doch Benni hatte die Rechnung ohne den Verkehr gemacht. Die Freunde landeten geradewegs im *Place de l'Étoile* – einem riesigen, mehrspurigen Kreisverkehr, der um den Triumphbogen herumführt.* B-OB rief: „Oh nein, was für ein Gedränge! Egal wie oft ich in Paris bin, ich vergesse jedes Mal, was für ein Chaos hier herrscht.“ Um sie herum wuselten Hunderte von Autos, die ständig die Spur wechselten, hupten und bremsten. Line rief: „Dort hinten sehe ich Édiths Auto. Sie fährt hier ab, schnell hinterher!“

B-OB und Claire versuchten, dieselbe Ausfahrt wie das lila Auto zu nehmen, aber sie hatten keine Chance. Durch das Gewusel kamen sie nicht durch. B-OB hupte und quetschte sich durch das Gedränge. Bei der zweiten Runde schafften sie es endlich. Claire und Régis, die etwas früher aus dem Kreisverkehr hinausgefunden hatten, waren schon weitergefahren.

B-OB und die Freunde rollten eine prächtige breite Straße entlang. Teuer aussehende Geschäfte reihten sich aneinander. Elegante Pariserinnen und Pariser mischten sich mit Touristengruppen. Line rief: „Boah, wo sind wir denn hier gelandet? Das ist ja die breiteste Straße, die ich je gesehen habe.“

Didier antwortete ihr: „Das hier ist die *Champs-Élysées*, eine der berühmtesten Straßen der Welt. Hier gibt es einige der teuersten Geschäfte der Stadt. Es gibt sogar ein wunderschönes und sehr bekanntes Lied über diese Straße.“ ** Dann rief er aufgeregt: „Da vorne ist Édith! Sie biegt ab. Gib Gas, B-OB, sonst verlieren wir sie!“

* **Place de l'Étoile** (gesprochen ‚Plass dö *Lehtuall*‘) bedeutet übersetzt ‚Der Sternplatz‘. Eigentlich heißt der Platz heute Place Charles de Gaulle, aber vor 1970 war es der Place de l'Étoile. B-OB ist halt ein älteres Kaliber.

** Das Lied heißt **Les Champs -Élysées** (gesprochen ‚*Leh Schohsehliesee*‘) und wurde von Joe Dassin gesungen.

Der Triumphbogen

Als sie um die Ecke fuhren, sahen sie das lila Auto vor einer edlen *Pâtisserie* stehen.* Didier war außer sich vor Freude. „Endlich! Wir haben sie!", rief er. Bevor Claire jedoch Édith erreichen konnte, war bereits ein Herr mit einem hübschen Päckchen aus der Konditorei getreten, reichte es ihr durchs Autofenster und schon fuhr Édith wieder weiter.

Claire und B-OB klebten an Édiths Fersen, während sie durch Paris kurvte, vorbei am verrückten Centre Pompidou, mit all den buntbemalten Rohren und Kabeln an seinen Außenwänden.** „Vielleicht will sie ja gar nicht an die Seine", wunderte sich Didier. „Vielleicht wollte sie sich nur ein paar *Macarons* in der Pâtisserie holen." ***

* **Pâtisserie** (gesprochen ‚*Pattisserie*') bedeutet Konditorei.

** Das **Centre Pompidou** (gesprochen ‚*Ssontre Pommpiduh*') ist ein riesiges Kunst- und Kulturzentrum.

*** **Macarons** (gesprochen ‚*Makkarohs*') sind ein leckeres und buntes Gebäck aus Mandelmehl.

Sie fuhren durch einen schmalen Torbogen, durch den Claire und B-OB nur knapp passten, und befanden sich plötzlich in einem prächtigen Innenhof, der zu einem Palast zu gehören schien. Wie von einer anderen Welt erhob sich in seiner Mitte eine gigantische Glaspyramide. Line und Benni staunten nicht schlecht.

B-OB erklärte ihnen: „Wir sind hier auf dem Gelände des Louvre.* Das ist eines der berühmtesten Museen der Welt. Hier werden viele der wichtigsten und bekanntesten Gemälde aller Zeiten ausgestellt, wie zum Beispiel die Mona Lisa. Die Glaspyramide ist der Haupteingang des Museums. Aber jetzt haben wir genug gequatscht, sonst verpassen wir Édith am Ende wieder."

Sie fuhren durch noch einen kleinen Torbogen hindurch und sahen gleich das lila Auto, das an der Seine bei einem Halteplatz für Wasser-Taxis geparkt war. Édith stieg gerade auf einen Jetski. Mit überraschend hoher Geschwindigkeit raste sie auf dem Fluss davon.

***Louvre** (gesprochen ‚*Luwre*')

B-OB rief Claire und Régis zu: „Versucht ihr am Ufer entlang zu folgen! Wir verfolgen sie weiter auf dem Wasser."

Mit diesen Worten pustete er sein Luftkissen wieder mit einem ohrenbetäubenden **SSSSCHHHHHUUUUU** auf und sauste die Seine entlang. Édith war nur noch ein kleiner Punkt am Horizont, doch B-OB ließ seinen Ventilator aufheulen, so dass die Freunde schnell aufholten. Claire gab ihr Bestes, an Land mitzuhalten, fiel aber immer weiter zurück.

B-OB kurvte am Eiffelturm vorbei durch eine Flußbiegung und lieferte sich ein spannendes Rennen mit Édith. Nach einiger Zeit merkte Didier, wo die Reise hinging. „Oh nein! Ich glaube es nicht", stöhnte er. „Jetzt haben wir Édith durch halb Paris verfolgt und dann legt sie dort an, wo wir die Verfolgungsjagd an Land begonnen haben."

Tatsächlich wurde Édith langsamer und legte an einem Steg an. Ihr grau gekleideter Fahrer wartete schon mit dem lila Auto auf sie. Zur Überraschung der Freunde waren auch Claire und Régis schon da. Sie waren dem Wagen schließlich einfach durch die Stadt gefolgt.

B-OB schwebte auf seinem Luftkissen an Land und klappte die Reifen wieder aus. Claire rollte lächelnd auf ihre alte Studienfreundin zu und sagte: „Édith Méchantelle, wie schön, dich zu sehen! Es ist viel zu lange her."

Édith sah überrascht hoch. Ein Lächeln umspielte ihre Lippen. „Claire?! Was machst du denn hier?", rief sie. „Dich habe ich ja seit Jahren nicht mehr gesehen! Seid ihr mir gefolgt?" Sie zeigte auf B-OB. „Deinen Freund hier hatte ich schon bemerkt, bevor er mir auf der Seine nachfuhr."

Claire erklärte der alten Freundin, warum sie zu ihr gekommen waren. Sie erzählte von Didier, der Reise durch Frankreich und der Leidenschaft, die er für sein Atelier Perroquet empfand. Zum Schluss sagte sie: „Weißt du, Édith, ich habe mich an unsere gemeinsame Zeit in der Kunstschule erinnert, als wir damals durch Paris zogen und uns über die Lehrer lustig machten. Das war herrlich, weißt du noch?"

Wieder verzog sich Édiths Mund zu einem leichten Lächeln. Doch es verschwand so schnell, wie es gekommen war. „Nun, vielleicht war nicht alles schlecht", gab sie zu. „In der Tat habe ich die Zeit mit dir sehr genossen. Du warst allerdings auch die Einzige, die nett zu mir war. Ansonsten wurde ich ignoriert. Niemand glaubte an meine Vision der geraden Linien und gedeckten Farben. Sicherlich haben alle hinter meinem Rücken über mich gespottet. Doch jetzt werde ich die modernste Akademie für moderne Kunst in ganz Frankreich eröffnen. Wir werden ja sehen, wer dann noch über mich lacht. Wie ich schon zu deinem Freund, Monsieur Arquenciel, gesagt habe, ich werde das alte Gebäude abreißen. Es wird Zeit für etwas Neues."

Édith stieg in ihren Wagen und schloss die Türe. Dann ließ sie das Fenster herunter und sagte: „Es war mir ein Vergnügen, dich wiederzusehen, Claire, aber ich brauche diese Schule. In einer Stunde rollen die Bagger und reißen das Gebäude ab." Mit diesen Worten rauschte sie davon.

Zurück blieb der sprachlose und traurige Didier.

Der tapfere Künstler

„Sollte nicht einer von uns mit ihm reden?“, fragte Line in die Runde. „Er starrt jetzt schon seit fünf Minuten ins Wasser, ohne ein Wort zu sagen. Langsam fange ich an, mir Sorgen zu machen.“ B-OB nickte und rollte neben seinen neuen Freund. Er sagte: „Das war sicherlich ein ganz schöner Schock für dich, oder Didier? Wie kann ich dir jetzt gerade am besten helfen?“

Didier schniefte und nickte. Dann sagte er: „Ich glaube, jetzt kann mir niemand mehr wirklich helfen. Ich habe dieses Abenteuer mit dir und deinen Freunden so sehr genossen. Ich habe keine Minute daran gezweifelt, dass, wenn wir Claire finden, wir auch das Atelier Perroquet retten könnten. Was soll ich denn jetzt noch machen? Wenn ich meine Schule verliere, bin ich ganz alleine.“

B-OB sah nachdenklich auf die Seine. Dann sagte er: „Bist du das wirklich? Ich habe dich auf dieser Reise beobachtet. Ganz abgesehen davon, dass ich es wunderbar fände, wenn wir Freunde blieben, habe ich auch gesehen, wie du mit den Leuten umgegangen bist. Du bist hilfsbereit, mutig, lustig und ein bisschen verrückt. Du weinst lauthals auf offener Straße, trägst die buntesten Klamotten und schwingst dich einfach in die Lüfte, um eine fremde Frau zu retten. Du bist ganz natürlich und du selbst und ich kann mir vorstellen, dass das viele Leute toll finden. Außerdem glaube ich kaum, dass jemand wie du alleine in Montmartre ist. Ich vermute, dass du nicht der Einzige bist, der traurig darüber ist, dass die Schule abgerissen werden soll.“

Didier schwieg einen Moment und dachte darüber nach, was B-OB ihm gesagt hatte. Er sah sein buntes Spiegelbild im Wasser und sagte nachdenklich: „Vielleicht bin ich wirklich nicht der Einzige, den das stört. Aber das werde ich nicht herausfinden, indem ich mich hier weiter selbst bemitleide.“

Er richtete sich auf und drehte sich mit entschlossener Miene zu den Freunden um. Dann sagte er: „Ich werde versuchen, diese Bagger aufzuhalten und meine Kunstschule zu retten. Ich finde, meine bunten Farben haben noch eine Chance verdient. Ich weiß aber nicht, ob ich das alleine schaffe. Würdet ihr mir helfen, *mes amis*?" *

Line, Benni, Régis, Claire und B-OB stimmten begeistert zu. Dann sprangen sie in Claire und B-OB hinein, und die beiden gestreiften Mobile rasten so schnell sie konnten nach Montmartre, um das Atelier Perroquet zu retten.

Auf halber Strecke bremste B-OB auf einmal so plötzlich, dass Claire mit ihren Passagieren beinahe auf ihn auffuhr. Sie rief: „*Alors*, B-OB! Du fährst ja wie ein Verrückter! Warum bremst du denn so abrupt?!" Doch B-OB ignorierte seine Freundin und hupte laut. Auch Line und Benni wussten nicht, was in ihren alten Freund gefahren war, bis sie aus dem Fenster sahen und zwei alte Bekannte wiedererkannten.

* **Mes amis** (gesprochen ‚*Mesamih*') bedeutet ‚Meine Freunde'.

Louis Crouchot und seine Nachfolgerin Sihem Bensarahoui, ihre neuen Gendarmen-Freunde aus Saint-Tropez, standen in feinster Parade-Uniform vor ihnen. „Na, so ein Zufall", rief Line. „Was macht ihr denn hier? Toll, euch zu sehen!"

Louis strahlte, als er ihnen erzählte: „Wir sind nach Paris zur Polizei-Zentrale gekommen, damit Adjutante, ähm Verzeihung, Major Bensarahoui offiziell zu meiner Nachfolgerin befördert wird. Nächste Woche geht es für mich in den Ruhestand. Saint-Tropez ist in besten Händen, während ich mich um meinen Garten kümmere."

Die Freunde freuten sich sehr für Sihem und gratulierten ihr begeistert. Dann rief Line: „So gerne wir bleiben würden, um zu feiern, aber es gibt einen Notfall!" Sie erklärte den beiden Gendarmen, was passiert war. Sihem und Louis zögerten keine Sekunde. Sie riefen: „Los, rutscht rüber! Es wäre doch gelacht, wenn wir da nicht irgendwie helfen könnten!" Mit der neuen Verstärkung rasten die Freunde weiter in Richtung Atelier Perroquet.

Hilfreiche Freunde

Als Claire und B-OB vor der alten Villa anhielten, schraubten Bauarbeiter schon das quietschbunte Namensschild der Kunstschule ab und waren gerade dabei, die Straße abzusperren. Didier sprang aus B-OB heraus und wollte zu seiner alten Schule laufen, als ihn einer der Arbeiter stoppte.

Er sagte: „Monsieur, sehen Sie nicht, dass wir dieses Gebäude absperren und für den Abriss vorbereiten? Bitte halten Sie Abstand!“ Hinter Didier räusperte sich jemand laut. Er trat zur Seite und gab die Sicht frei auf Major Louis Crouchot.

Der baute sich mit wichtiger Miene vor dem verdutzten Bauarbeiter auf und sagte mit strenger Stimme: „So, so, Sie sperren hier also diese Straße ab, ja? Haben Sie dafür überhaupt eine Genehmigung? Und wenn ja, wo ist sie? Laut Paragraf 293, Absatz 51 der Verordnung für Gebäudeaufbau und -abriss muss diese bei Verlangen unverzüglich vorzuweisen sein. Wenn ich Sie also bitten dürfte, Monsieur!“

Während der Bauarbeiter versuchte, Louis Forderung nachzukommen, konfiszierte Sihem das Absperrband von den übrigen Arbeitern und umzäunte die schweren Bagger damit. „Diese Maschinen nehmen wir in Gewahrsam, solange hier nicht die vorschriftsmäßigen Papiere vorgewiesen werden“, erklärte sie.

In der Zwischenzeit machten sich Claire und Régis in die Nachbarschaft des Ateliers auf, um den Anwohnern zu berichten, was gerade vor sich ging. Claire sagte zu Didier: „Wir müssen versuchen, so viele Menschen in Montmartre wie möglich davon zu überzeugen, gegen den Abriss deiner Kunstschule zu protestieren. Es wäre doch gelacht, wenn wir sie nicht retten können.“

Der Vorarbeiter der Baustelle kam mit einem offiziell aussehenden Papier angerannt und zeigte es den beiden Polizisten. Während diese die Bescheinigung sehr gründlich und lange inspizierten, berieten Line, Benni und B-OB vor dem Atelier Perroquet, wie sie am besten helfen könnten. Hinter ihnen ertönte ein immer lauter werdendes Stimmengewirr.

Eine Frauenstimme rief: „Zusammenbleiben, Kinder! Nochmal verliere ich euch nicht, das sage ich euch. Eher fahren wir zurück nach *Saint-Brieuc*!" „Diese Stimme kommt mir irgendwie bekannt vor", wunderte sich Benni. Noch ehe er sich umdrehen konnte, versammelte sich eine wilde Schülerschar um Line und ihn herum. Es war Madame Le Breton, die Lehrerin, und ihre Schulklasse, die die Freunde aus dem Labyrinth gerettet hatten.

„Das ist aber eine prima Überraschung, euch hier zu treffen!", rief der Junge namens Jules. „Was macht ihr denn in Paris?" Line und Benni erklärten den Kindern, was passiert war, und dass sie in Montmartre waren, um Didier zu helfen.

Die Schüler waren völlig empört. „Na, die werden uns aber kennenlernen, was Leute?", rief Marie, die Größte der Gruppe. „Und wie!", sagte ein anderes Mädchen. „Wenn nötig, ketten wir uns sogar an die Bagger!" Madame Le Breton schnappte nach Luft. „Margo! Ich denke, es ist besser, wir überlegen, wie wir helfen können, ohne uns in Gefahr zu begeben!"
Doch es war zu spät.

Ihre Schulklasse war schon losgelaufen und verteilte sich zwischen den Bauarbeitern. Sie zupften an den Ärmeln der etwas überfordert aussehenden Frauen und Männer und stellten ihnen die dümmstmöglichen Fragen: „Monsieur, mein Papa sagt immer: ‚So, wie die auf der Baustelle arbeiten, möchte er gerne mal Urlaub machen.' Was meint er denn damit?"

Ein Junge kletterte auf den Sitz der Abrissbirne und hupte laut. Madame Le Breton schrie: „Awen! Komm da sofort runter! Sonst informiere ich deine Eltern! Ihr seid wirklich eine Bande von Wilden!" Tatsächlich bewirkte das Chaos, das die Kinder verursachten, dass die Bauarbeiter viel zu abgelenkt waren, um sich um den Abriss des Atelier Perroquet zu kümmern.

Didier freute sich über den Erfolg und schöpfte schon neuen Mut, als eine strenge Stimme ertönte: „Was ist hier los? Ich verlange sofortige Ruhe!" Die Stimme war so hart und kalt, dass selbst die wilde Schulklasse innehielt und sich um ihre Lehrerin versammelte.

Der Abriss

Es war Édith Méchantelle. Sie war mit ihrem lila Auto vorgefahren und stand vor den Bauarbeitern. Sie fragte: „Was hat all das zu bedeuten?“ Sie zeigte auf die alte Villa, die das Atelier Perroquet beherbergte. „Warum steht diese Ruine noch? Laut Zeitplan hätte hier nur noch ein großer Haufen Schutt liegen dürfen!“

Der Vorarbeiter stotterte: „Nun, ähm, w-w-wir w-w-waren im P-p-plan, aber dann kamen diese P-p-olizisten und die Schulklasse und, ähm...“ Édith schnaubte: „Pah, wenn man nicht alles selber macht.“ Sie herrschte den Arbeiter an: „Geben Sie mir den Schlüssel für die Abrissbirne. Ich werde dieses bunte Ungetüm eben selber einreißen.“

Der arme Mann war zu verängstigt, um zu widersprechen. Er händigte Édith den Schlüssel aus. Sie kletterte auf den Abrisskran und startete den Motor. Didier, B-OB, Line, Benni und die Schulklasse protestierten lauthals und versuchten, sie von ihrem Plan abzubringen.

Édith schwang die gigantische Steinkugel, die an dem Kran hing, und ließ sie krachend in das freundliche Gebäude hineinschmettern.

Nun hatten auch die anderen Bauarbeiter wieder Mut gefasst und starteten ihre Bagger. Die gewaltigen Schaufeln gruben sich in die alte Villa und ließen sie immer weiter zusammenstürzen.

Didier saß regungslos auf der Straße und schaute sich das fürchterliche Spektakel an, als hinter ihm Pfiffe und Rufe zu hören waren. Er drehte sich um und sah Claire und Régis hinter sich stehen. Hinter ihnen versammelte sich eine Menschenmenge, die so aussah, als wäre ganz Montmartre gekommen, um gegen den Abriss des Atelier Perroquet zu protestieren.

Didier rief Claire zu: „Aber, wer ist das denn alles? Was machen die hier?“ Claire lächelte und antwortete ihm: „Das ist deine Nachbarschaft, die dir helfen möchte. Sie sind hier, um zu verhindern, dass das Atelier abgerissen wird. Leider sieht es so aus, als ob wir zu spät dran sind.“ Als die Bagger immer weitere Teile des alten Gebäudes abrissen, wurden die Rufe der Menschenmenge lauter und lauter.

Jemand warf alte Eier und Tomaten auf die Windschutzscheiben der riesigen Maschinen. Die Menge rückte immer näher an die Baustelle, bis die Bauarbeiter und selbst Édith aufgaben. Sie stoppten die Bagger und Kräne.

Édith kletterte aus ihrem Bagger und rief der aufgebrachten Menge zu: „Aber versteht ihr nicht? Hier kommt eine moderne Kunstakademie hin. So etwas hat Montmartre noch nie gesehen. Es wird wunderbar!“ Jemand aus der Menschenmenge rief: „Wir brauchen hier keine Kunstakademie! Das Atelier Perroquet war perfekt, so wie es war. Geh zurück in dein Büro in La Défense!“

Édith wich erschrocken zurück. Die bösen Rufe der Leute wurden lauter und lauter. Trotzdem versuchte Édith sich weiter zu erklären: „Aber, ich dachte, ich würde hier eine der schönsten und besten Kunstschulen Frankreichs eröffnen. Ich dachte …“, sie beendete den Satz kaum hörbar: „…ich würde endlich beliebt werden.“

Ziemlich neue Freunde

Sie kletterte von dem Bagger herunter und schlich mit hängendem Kopf an Didier vorbei. Kaum hörbar sagte sie: „Du kannst deine Kunstschule wiederhaben. Ich bin mal wieder nicht erwünscht. Es ist überall und immer dasselbe. Ich werde nie so beliebt sein wie du."

Didier zog die Augenbrauen hoch „Du glaubst, ich bin beliebt?", fragte er. „Weißt du, bis heute Mittag dachte ich, ich bin völlig allein auf der Welt. Dann haben mir meine neuen Freunde und diese großartige Nachbarschaft gezeigt, dass ich das gar nicht bin."

Édith sah zu Didier hoch. Er fuhr fort: „Ich glaube, wir sind gar nicht so verschieden, wir zwei, jeder auf seine Art. Wir sind beide anders als die meisten, du mit deinen gedeckten Farben und geraden Linien, ich mit meinen bunten Farben und weichen Kanten. Aber vielleicht sind wir beide nicht so unbeliebt, wie wir denken. Du leitest immerhin eines der beliebtesten und größten Kunstmagazine Frankreichs. Deine Meinung ist vielen wichtig."

Didier wurde mit jedem Wort enthusiastischer. „Und ich, na ja, ich scheine nicht ganz so allein zu sein, wie ich dachte", sagte er. „Stimmt ja auch! Ich liebe es, mit meinen Schülern nach dem Unterricht einen Cassis-Sirop zu trinken, oder morgens in der *Boulangerie* lange mit dem Bäcker zu quatschen.* Vielleicht muss man nicht einen einzelnen besten Freund haben, um geliebt zu werden. Manchmal sind es doch einfach die schönen Momente im Alltag mit Menschen, mit denen man gerne Zeit verbringt, die einem zeigen, wie sehr man gemocht wird."

Édith sah unsicher aus, aber Didier fuhr fort: „Ich habe eine Idee. Wie wäre es, wenn wir das Atelier Perroquet gemeinsam führen? Dann könnten wir meine bunte Kunst mit deinen geraden Formen verbinden. Wir könnten die Villa sogar so wieder aufbauen, dass sie zu uns beiden passt. Was meinst du?"

Claire rollte zu den beiden hin und freute sich: „Ich finde, das ist eine geniale Idee, Édith! Wir könnten wieder häufiger gemeinsam Café-au-Lait trinken und quatschen. Vielleicht hat Didier ja Lust mitzumachen."

* Die **Boulangerie** (gesprochen ‚*Bullohscherie*' mit dem ‚g' wie in ‚Regisseur') ist die Bäckerei.

Édith lächelte zum ersten Mal seit langem. „Ihr habt wirklich Herzen aus Gold", sagte sie. „Dass ihr so nett zu mir seid, nachdem ich so doof war und das Atelier Perroquet fast ganz abgerissen habe. Ich würde sehr gerne die Schule mit dir zusammen führen, mich weniger hinter meinem Magazin verstecken und dafür mehr unter Leute kommen. Danke für dieses unglaubliche Angebot."

Die Menschen, die gekommen waren, um das Atelier Perroquet zu retten, hatten aufmerksam zugehört, was Didier und Édith miteinander besprachen, und klatschten glücklich Beifall. Auch wenn das alte Atelier stark beschädigt war, würde die Kunstschule wieder aufgebaut und mit Didier in der Nachbarschaft bleiben.

Line, Benni und B-OB gesellten sich zusammen mit den beiden Gendarmen und der Schulklasse zu den neuen Freunden. Didier bedankte sich bei allen herzlich für ihre Hilfe. Line sagte: „Ich finde toll, dass du endlich gemerkt hast, wie beliebt du bist. Ich habe dir doch gleich gesagt, dass ich mir kaum vorstellen kann, dass so ein netter Mann wie du keine Freunde hat."

Dann fügte sie hinzu: „Ich will ja nicht nerven, aber jetzt, wo alles geklärt ist, wie wäre es, wenn wir Paris endlich mal in Ruhe kennenlernen. Zum Beispiel den Eiffelturm?"

Claire lachte. „Das ist eine gute Idee", fand sie. „Ich könnte nach der ganzen Aufregung auch eine kleine Pause gebrauchen. Ich kenne einen tollen Ort, von dem aus wir einen wunderbaren Blick auf den Eiffelturm haben. Vielleicht ist Régis so lieb und brät uns dort ein paar von seinen Galettes für ein Picknick."

Picknick am Eiffelturm

Gemeinsam saßen die Freunde auf dem Rasen des *Champ de Mars*, mümmelten genüsslich ihre Galettes und genossen den Blick auf den Eiffelturm.*

Didier sagte: „Wisst ihr, ich kann es kaum glauben. Eben dachte ich noch, ich verliere meine geliebte Kunstschule und ende alleine auf der Straße. Jetzt sitze ich hier inmitten neuer Freunde, genieße Paris und werde meine, äh, ich wollte sagen, unsere Kunstschule in Montmartre weiter betreiben können."

„Ja, es ist wirklich am schönsten mit Freunden", fand auch B-OB. „Hach, Claire, es war so toll, mal wieder ein Abenteuer mit dir zu erleben. Hättest du nicht Lust, mal mit Line, Benni und mir auf große Reise zu gehen?"

Claire sah nachdenklich auf den berühmten Turm vor ihnen. „Ach, wisst ihr, ich liebe mein Paris und mein Frankreich einfach zu sehr", sagte sie zu B-OB und den Kindern.

* **Champs de Mars** (gesprochen ‚*Schoh dö Mars*') ist eine Grünfläche vor dem Eiffeltum. Von hier hat man einen wunderbaren Blick auf den Turm.

„Ihr habt zwar schon ein paar schöne Teile Frankreichs gesehen, aber es gibt hier noch viele tolle Orte zu entdecken. *Étretat*, *Bordeaux*, das *Elsass* und so viel mehr! Kommt doch erst nochmal her und ich zeige euch alles." *

Benni war sofort begeistert: „Au ja! Ich versuche schon die ganze Zeit einen Grund zu finden wiederzukommen. Ich will doch malen lernen. Ich habe gehört, hier soll bald eine sehr interessante Kunstschule eröffnet werden."

Didier und Édith lachten. Didier sagte: „Ich kann dir eins versprechen, Line, B-OB und du bekommt von mir lebenslang Kunstunterricht, wenn ihr das möchtet." Lachend fügte er hinzu: „Für euch würde ich sogar gerade Linien in gedeckten Farben zeichnen."

Schmunzelnd schauten die Freunde wieder zum Eiffelturm und genossen das Ende einer aufregenden Reise durch Frankreich.

FIN **

* **Étretat** (gesprochen ‚*Ehtrötah*') **Bordeaux** (gesprochen ‚*Bohrdoh*')

** **FIN** (gesprochen ‚*Feh*' mit Nase zu) bedeute t ‚Ende'.

Coddiwompeln in Frankreich

Kleiner Französischkurs

Salut *[Sallü]* = Hallo
À bientôt *[Ah biatoh - bei ‚biato' Nase zu]* = Bis bald.
Oui *[Ui]* Ja

Merci *[Merssi]* = Danke
S'il te plaît *[Sill tö pläh]* = Bitte
Non *[no]* = Nein

Die drei wichtigsten Sätze auf einer Frankreichreise

1 (un) Est-ce que je peux avoir une crème brûlée en dessert ?
[(Öh - Nase zu) Esskö sche pö awuar ünn kräm brühleh oh dessähr?]
= 1 (Eins) Darf ich eine Crème Brûlée zum Nachtisch haben?

2 (deux) Zut, ces Carambar collent aux dents.
[(Döh) Sut, seh Karohmbar koll oh doh.]
= 2 (Zwei) Puh, kleben diese Carambar zwischen den Zähne

3 (trois) Tu veux jouer aux boules avec moi?
[(Truah) Tüh wö schueh oh buhl awek muah?]
= 3 (Drei) Möchtest du mit mir Boule spielen?

Das ist für unsere drei Weltenbummler typisch französisch. Hast du noch Ideen?

Liebe Eltern,

Wir hoffen, euch hat das Vorlesen Spaß gemacht und dass auch ihr vielleicht das ein oder andere Neue über Frankreich erfahren habt.

Vielleicht ist euch aufgefallen, dass wir uns nicht immer zu 100 % an die Realität gehalten haben. Natürlich sind die Irrgärten der Loire-Schlösser nicht so gigantisch, dass eine ganze Schulklasse verloren gehen könnte. Auch die Alpen sind nicht so nah an der Côte d'Azur, dass sie auf ein Bild passen würden. Uns geht es bei unseren Abenteuern in erster Linie darum, dass Kinder mit viel Spaß die Welt entdecken. Dafür erlauben wir uns ein paar kreative Freiheiten.

Wir versuchen die Länder, über die wir schreiben, so darzustellen, wie wir sie wahrgenommen haben, als wir sie besucht haben.

Danke, dass ihr uns auf unseren Reisen begleitet, und viel Spaß beim Coddiwompeln,

Stephi & Ben

Was uns bei der Entwicklung unserer Geschichten wichtig ist:

Abenteuerlust

Unsere Bücher sind unterhaltsame Abenteuer voller Spaß und Spannung. Unsere Bücher sind KEINE pädagogischen Lernbücher und KEINE Reiseführer für Kinder. Egal ob der Leser einen Bezug zu dem Land hat oder nicht, die Abenteuer sind für jeden geschrieben.

Weltoffenheit

B-OB Coddiwomple und die Weltenbummler Kids bringen die Welt in alle Kinderzimmer. Durch kleine Details im Text und die Illustrationen erfahren Kinder und ihre Eltern, ganz nebenbei, viele spannende Dinge über die verschiedenen Länder. Auf diese Weise entdecken sie gemeinsam die Welt.

Optimismus

Unsere Bücher machen Spaß und bringen ihre Leser zum Schmunzeln. Egal wie aussichtslos die Situation erscheint, die drei Weltenbummler sehen das Positive und wissen, dass sie immer eine Lösung finden. Denn am Ende ist alles gut, sonst ist es nicht das Ende.

Eltern-Kind-Zeit

Unsere Bücher sind Vorlesebücher mit vielen Bildern, denn sie sollen Eltern und Kinder zusammen in bekannte und fremde Welten eintauchen lassen. Dabei ist uns wichtig, dass sowohl Groß als auch Klein unsere Bücher lieben. Auch wenn sie in erster Linie für Kinder im Alter von 5-10 Jahren gedacht sind, sind sie somit im Grunde von 0-99 Jahren geeignet.

Wer wir sind:

Wir sind Stephi und Ben, die Gründer vom Weltenbummler Kids & Company Verlag. Unsere große

Leidenschaft ist das Reisen mit unseren drei Kindern - am liebsten in unserem B-OB, den es nämlich tatsächlich gibt.

Als klar wurde, dass wir wieder eine längere Reise machen und Berlin und unsere Jobs verlassen würden, dachten wir: ‚Jetzt oder nie!' Wir nutzten die Weltreise, um die Idee reifen zu lassen, und gründeten - zurück in Deutschland - kurzerhand einen Verlag. Ben schreibt die Bücher und Stephi entwickelt passend dazu Reisezubehör für kleine und große Weltenbummler.

Wie alles begann:

Die Idee für die Buchreihe *„B-OB Coddiwomple und die Weltenbummler Kids"* entstand, als der beste Freund unserer Tochter Maya von Berlin nach Abu Dhabi zog, als sie 3 Jahre alt war. Sie hatte keinerlei Vorstellung davon, wo ihr Freund nun wohnte.

Wir suchten nach passenden Kinderbüchern über fremde Länder, fanden aber keine. Am Ende saßen wir vor der Google Bildersuche und dachten, dass dies doch auch kindgerechter gehen müsste. Die Idee für eine Buchreihe mit einem Buch pro Land war geboren.

Natürlich haben wir unsere Freunde in Abu Dhabi besucht und, wie der Zufall es will, sind sie, genau als wir den Verlag gegründet haben, wieder ganz in unsere Nähe gezogen – dabei wohnen wir mittlerweile nicht mehr in Berlin, sondern im schönen Münsterland. Zufälle gibt es ...

Ben Wallenborn - Autor

Durch eine französische Halbschwester, zahllose Sprachreisen nach Frankreich und eine frankophile Schwiegerfamilie hat Ben schon von klein auf viele Berührungspunkte zu Frankreich gehabt. Er genießt jeden Besuch in Frankreich und hatte viel Spaß beim Schreiben dieses Buches.

Filip Lazurowicz - Illustrator

Filip wohnt mit seiner lieben Frau Maja bei Kattowitz in Polen. Er hat seine Leidenschaft für das Malen schon früh entdeckt und liebt es, für Kinder zu illustrieren. Außerdem verbringt er gerne Zeit in der Natur und malt wunderschöne Landschaftsbilder.

Danke!

... Stephi, für die Motivation, Inspiration und Geduld beim Schreiben der Bücher.

... Maya, Ella & Finn. Es ist jedes mal das Schönste euch das Buch als Erstes vorzulesen.

... an Mama & Papa dafür, dass Frankreich immer ein Teil meines Lebens war.

... an Ulla, Werner und Ulli für eure Hilfe beim Schreiben dieses Buches.

... Filip, für die fantastischen Bilder. Ich finde du hast dich mal wieder selbst übertroffen.

... Maja, für deine Geduld und, dass du deine Zeit mit Filip mit uns teilst.

... Carole, Lila, Jules, Margo & Régis, dafür, dass ihr Frankreich in meinem Leben haltet.

... Wie immer Nina, Gerd und Peter für die geduldigen Korrekturen.

... Caro, Cici, Jörg, Toni und Suse für das Probelesen und die hilfreichen Hinweise.

... unseren Instagram-Followern für die Unterstützung und die vielen Vorbestellungen.

Dune du Pilat
Provence
Pont du Gard
Saint-Tropez
Nie
Ohne
Seife
Waschen